メディアはなぜ沈黙したのか

報道から読み解くジャニー喜多川事件

藤木TDC　イースト・プレス

序章

彼ら《メディア》は知っていた

本書は2023年に日本国内に大きな波紋を起こしたジャニー喜多川の性加害事件を、それまでマスメディアがなぜ報じなかったか、週刊誌や新聞、書籍などの検証を通じて解き明す試みである。

日本有数の芸能タレントプロダクション、ジャニーズ事務所の元代表・ジャニー喜多川の未成年男子タレントに対する恒常的な性加害が白日のもとになった起点は、2023年3月7日、BBC（英国放送協会）が放送したドキュメンタリー「プレデター：シークレットスキャンダル・オブ・Jポップ（邦題『J-POPの捕食者　秘められたスキャンダル』）だった。ドキュメントでは1980年代・1990年代にジャニー喜多川から淫行を迫られた元タレントたちが生々しく性被害を証言した。

イギリスの国営テレビ局が自国語で製作したこの作品はすぐに日本語字幕がつけられて衛星チャンネルやインターネット動画として日本でも見られるようになる。

しかし同番組の深刻で戦慄すべき告発内容とは裏腹に、その放送・配信を日本のテレビ局はまったく報道しなかった。

この番組はSNSによる情報拡散によって、多くの人々に視聴された。見た人間は「なぜこんなに深刻な問題を報道しないのだろう」と強い疑問を持ったはずだ。

1ヶ月後の4月12日、日本外国特派員協会（FCCL）で元ジャニーズJr.のカウアン・オカモトが記者会見、実名・顔出しで、ジャニーズ事務所在籍時の複数回にわたる性被害を語った。そして、この会見についても多くのメディアは沈黙した。

ところがNHKだけは同会見に注目し、4月中に報道局がチームを立ち上げ取材を開始する。

すでにジャニー喜多川や実質的経営者で姉のメリー喜多川は故人になっていたが、会社はメリーの娘・藤島ジュリー景子が引き継いでおり、彼女のもとにも取材は及んだ。報道による悪評の拡大を危惧したジュリー景子は性加害を認める動画を5月14日夜に公開する。

第一声は「このたびは創業者ジャニー喜多川の性加害問題について、世の中を大きくお騒がせしておりますことを心よりお詫び申し上げます」。その後、マスメディアから届いている質問には書面で回答すると伝え、動画は終了する。

わずか1分強の短い動画であったが、それは鋼鉄の重い扉が開いた瞬間だった。

5月17日、NHKは「クローズアップ現代」で「〝誰も助けてくれなかった〟告白・ジャニーズと性加害問題」を放送。独自映像で元ジャニーズ事務所所属タレントの性被害告白を流し、ジャニー喜多川の性加害を告発した。

これを機に、メディアはまるでそれまで知らなかったように、堰を切って事件について報道合戦を始めた。

しかし、彼らは以前から知っていたのではないか。

ジャニー喜多川の性癖については1960年代の事務所創業当時から報道はあり、その都度、わずかではあるがメディアは事件を伝えていたのである。それら数少ない新聞・雑誌報道などを頼りに、本書ではメディアが性加害に沈黙してきた裏側を検証した。

そこから見えてきたのは芸能界とマスメディアの持ちつ持たれつの関係、癒着や金品の横行だ。なぜジャニー喜多川の性癖を多くのメディアが隠蔽しようとしたのか理由も、少しずつ見えてきた。ジャニーズ事務所の成長も、その癒着・隠蔽の延長線上にあることがわかった。

その後、ジャニー喜多川から性加害を受けたと告白する男性が次々と現れたのには驚かされた。それはまるで、2017年にアメリカで女性たちがセクハラの被害を告発しだした「＃ＭｅＴｏｏ」の運動を見るような状況だった。「＃ＭｅＴｏｏ」と前後して、日本にも名前や顔を出して性被害を訴える勇気ある女性たちは現れていた。しかしジャニー喜多川の性加害問題では、むしろ男性が、短期間で大量の「＃ＭｅＴｏｏ」を始めたのである。

異性からの性被害告発でさえ大きな勇気と覚悟を擁する。同性による、拒否できない性加害を告白するのは、どれだけの恐れを克服しなければならないか。しかもインターネット時代は、ＳＮＳなどを通じた告発者への中傷など二次加害も起きやすい。そんな時代にあえて名乗り出た人々の勇気には、心からの敬意を示したい。

それに比べてマスメディアは、けっして自分たちの報道自粛や忖度を口にしようとはしない。「知らなかった」「関心がなかった」「別の世界と考えていた」。みな、口を揃えて言い逃れする。

２０２３年９月７日、ジュリー景子が記者会見を開き、社長辞任を発表する。新社長に就任したジャニーズ事務所所属タレント、もと少年隊の東山紀之は性加害について「噂は聞いていたが、知らなかった」と語った。本当にそうなのか。ならば、これまで重ねられてきたジャニー喜多川に関する多くの報道はなんだったのか。

大手メディアの記者たちは自分のことは脇において、会見ではしらじらしい質問を口にする。彼らに正義や良心は感じられない。

10月2日、新社長東山紀之が会見を開き、ジャニーズ事務所の社名変更と組織改編を発表した。そして10月17日、社名が「SMILE－UP（スマイルアップ）」に変わり、61年の歴史を持つ「ジャニーズ事務所」の名は消えた。次いで、関連会社も次々と社名変更し、「ジャニーズ」の呼称を抹消した。だが、名前が消えても歴史は残る。

同じように、マスメディアの沈黙・加担の足跡もしっかりと残っている。約60年分の新聞・雑誌記事を紐解き、ジャニーズ事務所の発展とともに彼らが何を行ってきたのか、その戦慄すべき検証記録を読めば納得できるだろう。

芸能界の闇に対する沈黙・加担はマスメディアの宿痾《しゅくあ》なのか。その答えは本書の中にある。

メディアはなぜ沈黙したのか

報道から読み解くジャニー喜多川事件　目次

ブックデザイン　鈴木成一デザイン室

メディアはなぜ沈黙したのか

報道から読み解くジャニー喜多川事件

第一章

1965年の性加害裁判

ジャニー喜多川による性加害問題は1960年代にすでに事件化し裁判になっている。ただし裁判についての報道は少なく、多くのマスコミが沈黙するという、現在に至るジャニーズ事務所問題の核心がそこに見られている。

事件はジャニー喜多川が芸能界に関わって間もなく表面化している。

1931年、アメリカで日系二世として生まれたジャニー喜多川は33年に帰国、戦中を日本で過ごした後、1947年に姉のメリー喜多川とともに再び渡米、米軍に志願し朝鮮戦争に従軍したとされる。52年（53年説も）に再帰国したジャニー喜多川はアメリカ軍事援助顧問団MAAGJ（自衛隊を軍事指導する組織）の通訳係として大使館勤めをするが、住居の代々木ワシントンハイツの近所の子供を集め、「ジャニーズ少年野球団」なるチームを作った。

2023年8月に発表された「外部専門家による再発防止特別チーム」の報告書には

「ジャニー氏の性加害の事実が１９５０年代から２０１０年代半ばまでの間にほぼ万遍なく存在していたことが認められた」とあるから、この「野球団」時代にすでに性加害は行われていたと考えられるが、それらは事件化することはなかった。

ジャニー喜多川による性加害が表面化するのは60年代である。

野球団の練習に使っていたグラウンドの近くに「名和新芸能学院」なる演劇・歌謡スクールがあり、その代表・名和太郎の妻・真砂みどり（芸名）は戦後、大阪松竹歌劇団（ＯＳＫ）でメリー喜多川と一緒にダンサーをしていた。その縁で名和と知り合ったジャニーは「新芸能学院に児童部を作っては？」ともちかける。児童部は「芸研ジャニーズ」と命名され、野球団のメンバーのほか、一般公募もして歌や踊り、演技のレッスンを始める。これがジャニー喜多川の芸能活動の発端である。そして１９６２年４月、優秀な生徒として抜擢された４人、青井輝彦（のちのあおい輝彦）、飯野おさみ、中谷良、真家ひろみが初代ジャニーズを結成する。

この時点ではまだ「ジャニーズ事務所」はなく、ジャニー喜多川は大使館勤めをしながら４人組の世話役をしているにすぎなかった。

結成から４ヶ月、ジャニーズは当時、フジテレビ「森永スパーク・ショー」やＮＨＫの人気番組「夢であいましょう」へ出演、タレント活動は軌道に乗っていった。しかしそれとともに「芸研ジャニーズ」には怪しい空気が漂い始める。
4人組のジャニーズが多忙になると、彼らは自宅に帰ることできず、事務所でもある「新芸能学院」に寝泊まりするようになった。それにあわせ、なぜかジャニー喜多川もこの学院に泊まり込んだという。そうした中で事件は起きた。事件を報道する雑誌には、名和太郎の日記を引用した以下の記述がある。

「三十九年六月十二日、K（児童タレントのひとり）が、ぼんやりとして、顔色が悪い。いまはやりの睡眠薬遊びでもしてるのではないかと心配して問い詰めると、〝ジャニーさん（喜多川氏のこと）が、変なことをしたんです〟という。マスターベーション（自慰）を教えたのだ。頭をガンとやられたほど驚いた。すぐほかのこどもにも当たってみると、被害者がいた。喜多川氏を追い出すことにきめた」
（「週刊サンケイ」1965年3月29日号『〝ジャニーズ〟売り出しのかげに』）

レッスン生たちの間にもジャニー喜多川に対する嫌悪や反感が生じ始め、名和はジャニー喜多川を呼び出し「君は変態ではないのか？」と詰め寄ったとされる。名和は「こんな問題を起こしては〝芸研ジャニーズ〟はすべて解散しなければなるまいと思う」と日記に書いている。この記事から明らかなように、今から約60年も前にすでにジャニー喜多川の醜行は発覚し、追放が検討されていた。常識人であれば、それがごく真っ当な感覚だ。

この時に名和の思惑通りに事態が進んでいれば、現在に至る性加害問題は起きていなかったのだ。

しかし当時、ジャニー喜多川を守ろうとする勢力が登場する。芸能界の盟主だった渡辺プロダクション＝ナベプロである。

４人組のジャニーズが出演した前出「森永スパーク・ショー」はナベプロのプロデュースする番組であった。またＮＨＫ「夢であいましょう」も出演者の多くを抱えるナベプロの意向が強く反映される番組だった。４人組ジャニーズは名和の事務所の所属だったが、彼らの仕事はナベプロを通してブッキングされる。ナベプロはジャニーズが人気になる可能性を高く見積もっていた。そこで起きたのは、以下のような事態である。

「七月十三日になって、父兄代表の青井秀隆氏（あおい輝彦の父）に家内が呼び出され、〝いろいろお世話さまでした、今後は奥さんに気の毒ながら、こどもたちの希望でメリーさんに一任しますから…〟といいわたされたんです」

（「週刊サンケイ」同前）

家内とは名和太郎の妻でジャニーズのマネージャー役だった真砂みどりだ。この時、メリーはジャニー喜多川とともに名義上の「ジャニーズ事務所」を作り（法人化は1975年）、ナベプロと契約して移籍を強行したのだ。ナベプロとメリー喜多川に懐柔されたジャニーズの父兄たちは、ジャニー喜多川の汚行に口をつぐみ芸能活動継続を選択した。メンバーや父兄とナベプロの間でどのような交渉があったかは分からない。しかしこの時点でナベプロの関与があったことで、ジャニー喜多川は芸能界に命脈を保った。

ナベプロに正式に移籍したジャニーズの4人組は一気に人気タレントの階段を駆け上がっていく。

1964年11月「若い涙」（作詞・永六輔　作曲・中村八大　NHK「夢であいましょう」月間曲）でレコードデビュー。以降、週刊誌のグラビアなどに頻繁に登場、リサイタルもこなし、翌65年の大晦日には紅白歌合戦に初出場、解散する67年まで14枚のシングルと2枚のアルバムを発売した。これらはすべてナベプロに完全移籍して以後の仕事であり、芸能界の盟主ナベプロの威光があっての賜物といえるだろう。

いっぽう、唯一のタレントを引き抜かれた名和太郎も黙っていなかった。彼はすぐにジャニー喜多川を相手取り訴訟を起こす。62年4月から64年6月までのジャニーズの4人に対する声楽・ダンス・演劇の教授料、特別レッスン料、宿泊料、食費、さらにジャニー喜多川の学院施設への宿泊料、交際費の立替分、そしてジャニーが学院の生徒に対してわいせつ行為をしたため生徒が辞めていった損害、また学院の名誉毀損に対する損害賠償など合計2700万円の請求訴訟を起こした。

名和がもっとも訴えたかったのは、ジャニー喜多川のレッスン生たちへのレイプと彼の芸能界追放だった。

だが、結果的に金銭の請求訴訟にならざるを得なかったのは、移籍した4人組ジャニーズのメンバーが誰ひとりとして性被害を訴えなかったからである。被害当事者からの親告がなければ、当時はわいせつやレイプを犯罪として立件することは難しかった。

名和は事前にジャニーの性加害を暴露する文書をマスコミに配布したというが、そうしたゴシップをもっとも好むはずの週刊誌はほぼ相手にしなかった。

裁判は1965年1月に始まり、前出の「週刊サンケイ」が経緯をかなり詳細に報道しているものの、それ以外の週刊誌は沈黙、もしくは裁判を引き抜きに絡んだ芸能界にありがちな損害賠償請求として小さく報道するのみだった（「ヤングレディ」1965年11

月8日号)。

そして裁判の進行とともに、ショッキングな記事が女性週刊誌に掲載される。「ジャニーズをめぐる〝同性愛〟裁判」と露骨なタイトルをつけた記事が「女性自身」1967年9月25日号に掲載。同号は裁判の同性わいせつ行為に関する証人尋問を記録し、生々しい法廷の様子を伝えている。たとえばあおい(記事では「青井」)輝彦に対する弁護側の尋問を次のように記録している。

弁護士　学院をやめる原因の一つとして、いかがわしい事件があったと他の証人がいっていますが、あなたはそのことを知っていますか?
青井　なんのことか知りません。
弁護士　いかがわしいトラブルがおきて、学院では職員会議が開かれ、ご両親も呼ばれたはずですね?
青井　………。
弁護士　(念をおすように)ジャニー・喜多川さんとのトラブルですよ。
青井　……そんなことがあったらジャニーさんにはついていきません。

ジャニーズのメンバー、中谷良、真家ひろみも同じように口を濁すばかりで、最後の飯野おさみへの質問の途中で裁判長から「その件は本事件と論点がずれるのでそのへんで打ちきるように」と注意があったと記事は報告している。

同記事には前出の少年Kのケースとして以下のような記述もある。

「『毎晩のように、ジャニー・喜多川にいたずらされていたというんですよ』

彼は、少年にエロ写真を見せ、異常なコウフンをおこさせたうえで、その少年のからだをいたずらしながら、あまつさえ、彼自身のそれを少年にさわらせた。オトコ同士のヘビー・ペッティングを教えたのである」

ゴシップ雑誌めいたエロ度を強調した文だが、ここにあるジャニー喜多川の行為はのちに性被害を訴えたジャニーズ事務所入所経験者たちの証言と完全に一致している。つまりジャニー喜多川は60年代から延々と同じように管理下の少年にわいせつ行為を繰り返していたとこの記事は訴えているのだ。

裁判の結果を先に書くと、判決は1968年10月に下され、ジャニー喜多川は新芸能学院に対して約62万円（現在価値で約1200万円）の支払いを命じられた。だが、ジャニー喜多川が4人組にしたわいせつ行為は事実認定されなかった。ジャニーズのメンバー本人から被害届が出ておらず、尋問でも認める証言がされなかったからだ。そしてこの裁判の結果を報道するメディアも「女性自身」1968年10月21日号以外に皆無だった。

メディアはなぜ沈黙したのか。

その回答を、ルポライターの竹中労が著書『タレント帝国　芸能プロの内幕』(現代書房)の中に詳しく書いている。竹中労は反骨のルポライターとして知られ、女性週刊誌記者を続けながら芸能界の背後にある搾取や伝統的差別の構造を明らかにし、芸能記事をジャーナリズムに高めた。「美空ひばり　民衆の心をうたって二十年」(1965年　弘文堂)や「ビートルズ・レポート」(1966年　話の特集増刊)などは竹中の仕事のひとつの結晶であろう。68年に発行された「タレント帝国」は彼の代表作のひとつであり、渡辺晋、美佐夫婦が君臨した業界の盟主ナベプロを材に、プロダクションのマスメディア支配の手法と構図を明らかにした名著だ。

同書にはタレント・プロダクションのメディア対策ばかりか同業者への妨害、スポンサー獲得作戦、そして政治工作までもが記されている。

例えば同書の序盤では60年代初頭にナベプロに所属し、ロックンロール歌手としてツイスト・ブームを生んだ藤木孝の例を引き合いに、62年に独立しミュージカル公演をめざしたものの、評論家、ジャーナリスト、テレビ局、映画会社などを懐柔してその活動を徹底的に妨害したことを記述している。

さらに同書の結びにはジャニーズ裁判をめぐり、どのような圧力があったかが詳細に記述されている。長い引用になるがその部分を抜粋しよう。

「『探訪の会』という若いルポライターのグループと新聞・雑誌社に籍を置く芸能記者の諸君が共同してナベ・プロの内幕を暴く〝インサイド・レポート〟を書く計画を立てたのは、昨六七年の七月だった。週刊誌『女性自身』に十回連載し、その上で一冊の書物にまとめる当初の予定であった。ところが、同誌の編集部と取材グループとの間に意見の相違が生じ、しかも、ジャニーズの〝同性愛裁判〟の記事をめぐって渡辺プロダクションと同誌の間にもトラブルが起り、その二重の紛争の結果、連載はたった二回で終わってしまった。——第一の挫折である。

取材グループは、『女性自身』のバック・アップによる経済的な裏付けを失って、十二名から六名に半減した。竹中労が出版計画に〝協力者〟として参加したのは、その時点においてである」

「しかし十一月になると、グループの中心であった某紙文化部のX記者、芸能週刊誌のY記者、音楽評論家のZ氏の三人が、それぞれ『やむを得ない事情』で取材をおりることになった。X・Y両記者の場合は、社の上層部から圧力をかけられたためであり、Z氏は、長期かつ無報酬の取材活動に耐えられないという理由からであった。端的に言えば――、ナベ・プロの妨害工作に屈服したのである。X記者は、渡辺美佐から〝警告〟されたその翌日、デスクから大阪への転勤をほのめかされたという。Y記者の勤務する週刊誌では、日常〝アンチ・ナベ・プロ〟と目されている記者は、編集局長に個人的に呼ばれて『社の経営にかかわる問題であるから、軽挙妄動をつつしむように』と申し渡されたという。両君だけではなく、取材グループとはまったく無関係の音楽記者、芸能記者にも〝被害〟がおよんだ」

これが大手芸能プロのマスコミ対策であり、そしてジャニー喜多川の性加害が現代まで温存されてしまった病根であろう。当時はまだメリー、ジャニー姉弟に権力はなく、雑誌社等に圧力をかけたのはナベプロなのである。

しかもナベプロはジャニー喜多川の性癖とわいせつ行為を認識しながら放置した。この時ナベプロがジャニーの醜行を咎め、少なくとも彼を芸能界から追放または刑事告発していれば「1950年代から2010年代半ばまでの間にほぼ万遍なく」「少なく見積もっても数百人の被害者がいる」（再発防止特別チーム調査報告書）という甚大な被害は起きなかったろう。

だがナベプロは当然ながら、自社に所属する喜多川姉弟を擁護し、あまつさえ彼らに芸能プロダクションの旨味を伝授した。結果、ナベプロ式マスコミ操縦法を学んだ姉弟は独立後、スキャンダルを封殺する術を行使し、メディアに甘い汁を吸わせて所属タレントを売り込み、社勢を拡げていったのだ。その果てに、今日までのジャニーズ事務所の権力がある。

ただし、これはジャニーズ事務所だけの問題ではない。ナベプロの資本下あるいは影響下で伸長した芸能事務所は数多く存在する。彼らは長期間マスコミを支配し、そのやり口は容認され温存され続けている。

ジャニーズ問題の病巣はそもそも60年代に発覚していたジャニー喜多川の性加害について、メディアが自覚的に沈黙し続けた点にある。またプロダクションによるマスコミ操縦はジャニーズ事務所に限られた問題ではなく、その支配と服従の関係はナベプロ全盛時代の60年代から延々とマスコミに根深くはびこる宿痾《しゅくあ》、業病の類いといえるだろう。

本来、芸能界にはびこる悪弊や犯罪を監視し、告発すべき大手マスコミがその任を果たさず、半世紀以上にわたりジャニーズ事務所を擁護し加勢し、問題に沈黙し続けた罪はあまりにも大きい。大手マスメディアは深く自省し、過去のすべてを明らかにし、いわば彼ら自身もまた「解体的出直し」をしなければならない。そうでなければ同じ災厄はこれからも何度も繰り返されるのは間違いないのだ。

ところで、1965年に始まったジャニー喜多川を被告としたいわゆる〝同性愛裁判〟は別の影響をもたらした。裁判の過程でナベプロや喜多川姉弟が得ていた興行の対価が明らかになったのだ。64年から67年までのジャニーズのメンバーひとり当たりの月給は1万5千円から2万5千円程度。対してナベプロが得ていた興行代金は日だて60万から85万円、1ヶ月3回の公演でゆうに200万円以上を得ていた。この搾取を知り怒った父兄が独立を訴え、ジャニーズの一体感は失われ、67年12月をもって解散せざるをえなくなる。前出の「タレント帝国」で竹中労はそれこそがジャニーズが解散した真相だと訴えた。

解散後、ジャニーズの4人はどのような道を歩んだのか。

あおい輝彦と飯野おさみは芸能界に残り、成功を収めた。

あおい輝彦は劇団四季の研究生となった後、68年、TBS系のテレビドラマ「おやじ大鼓」にレギュラーで出演、俳優としての足場を固めた。

飯野おさみはナベプロに所属し、ダンスの振付を学びつつ68年には日本劇場（日劇）

の「夏のおどり」に出演した。74年には歌手・雪村いずみとのロマンスが週刊誌を賑わし、破局後に女優・末次美沙緒や一般女性と離婚、入籍を繰り返した。

芸能界で活躍できなかったのは真家ひろみと中谷良だ。

真家は引退時、日大芸術学部に復学しつつミュージカルを学びたいと宣言するも、68年、真家宏満と改名しフジテレビのワイドショー「三時のあなた」にアシスタントとして出演、ただしその仕事は長く続かずテレビドラマや映画に脇役で出演、77年には日活ロマンポルノ「東京チャタレー夫人」（監督・藤井克彦）で女優・志麻いづみとベッドシーンを演じている。80年代、真家が再びマスコミに登場した時は立花正太郎と名前を変え、タクシー運転手に転職していた。84年、当時ノンフィクション・ライターだった猪瀬直樹は「スタジオボイス」誌上で運転手の真家（誌面では立花名義）にインタビューし「ジャニー氏はホモセクシャルだという噂もありますけど」という質問をぶつけている。これに対する真家は「あ、そういう噂もありますね。僕は仲が悪かったよ。意見対立が激しかったよ」という回答で話題をそらしている。もうひとつ、95年に出版された原吾一著「二丁目のジャニーズ」（鹿砦社）にも真家の名前が挙がり、個人タクシー資格を取得途中の彼に著者が突撃取材し、ジャニー喜多川の汚行を語らせる記述があるが、同書はノンフィクションとは謳っておらず事実の裏付けはない。

もっとも凋落したのはジャニーズ時代にメンバーの中でいちばん人気のあった中谷良だった。中谷は解散後もナベプロに残り「モダン・ジャズのバンドを作る」と語ったが、やがて睡眠薬（ハイミナール）と酒に溺れて自動車事故を起こし、一時は消息不明ともいわれた。70年代後半には週刊誌が六本木のスナックでボーイをしたり、クラブ歌手として歌っている様子を報告している。80年代には名前も忘れられていた中谷だったが、元フォーリーブスの北公次がジャニー喜多川の性癖を暴露した「光GENJIへ」（1988年 データハウス）に便乗して89年に「ジャニーズの逆襲」（データハウス）を著し、裁判出廷から20年余を経てジャニー喜多川のわいせつ行為を認める。それは「ジャニーズ少年野球団」の頃にすでに始まっていたという。

「『よーし、ここもくすぐってやるー』

ジャニーさんの手が半ズボンをはいた私の股間に伸びてきたのです。もちろん、驚きはしましたが、それも悪ふざけだとしかとれませんでした（略）そのうちに、彼の手が私の股間を揉みだしたのです（略）

その時、何を考えていたのでしょうか。確か頭の中は空白だったと思います。とにかくわけがわからない私でした。

恥ずかしいことですが、私は抵抗することができませんでした。何しろ11歳なのですから（略）ジャニーさんはズボンからそれを取り出して、手を上下に動かしました」

（「ジャニーズの逆襲」）

1947年生まれの中谷良が11歳、すなわち1958年の出来事である。

またタレントをめざしレッスンを開始した後にもこんな体験があったと記す。

「ある日のこと。ジャニーズの3人のうちの誰かから（忘れた）こんな告白をされたのです。

『ねえ、ジャニーさんってちょっとおかしくないか？』

私はドキッとして彼の目を見ました（略）

『あの人ってオカマかなあ……。良ちゃん、変なことされなかったかい。僕さ、あそこをなめられちゃったんだよ。すごく変な気持ちになって……それで……』

驚きました。私だけではなかったのです。驚くと同時になぜかホッとしてしまったのを覚えています」

（「ジャニーズの逆襲」同前）

突如マスコミの前に姿を現した変わり果てた中谷良を女性週刊誌「微笑」89年10月28日号が取材している。『『ジャニーズ』の名をホモで汚すな！」と題された記事の内容は中谷の本に書かれたわいせつ行為の抜粋で、ジャニー喜多川の性加害を肯定するものになっている。同時に中谷に弁明も語らせ、次のようにジャニーズ時代を回顧させている。

「でも、正直いってそのころは被害者意識というのはなかったんです。変なオジサンだなあって感じで……ただ子ども心に、ああいうことをされると気持ちがいい、すごく快楽なんだってことを覚えてしまって……後あとまで、女性関係の時まで愛情がなくても快楽は得られるという変な、間違ったセックス感を植え付けられてしまったんです」

「『新芸能学院』側はジャニーさんを告訴して、ぼくたちとジャニーさんの関係まで裁判の席で証言した……ええ、ぼくたちも証人の席に立たされて……でも、本当のことなんかいえませんでしたよ……ぼくたちは、もっとビッグなスターになりたかったんだし、ジャニーさんについていけば間違いないと思っていましたから…」

こうした中谷の告白もひとつの真実であろう。

また同記事の中でジャニーズ事務所の問題体質を鋭く批判している。

『『フォーリーブス』が台頭してくると、ぼくらは発展的解散という名目で解散させられて、あとは本当、使い捨てみたいなものでしたよ。

それまで、ぼくらがもらっていた給料は月２万……解散しても１円の補償もなかった…。

もちろん、貯金もなし。働くだけ働かせて、次が出てきたら目も向けてくれない。そうしたことはきっと今でもあると思いますよ」

（「微笑」同前）

ジャニー喜多川の性加害を告発するのは事務所を退所した者が多いが、彼らの心中にはこの中谷と同じ悔恨が渦巻いているのではないか。事務所幹部の退所者へのアフターケアの薄さもまた、性加害が告白され続けた根源にあるのだ。それは中谷らのジャニーズが解散した後、世代交代で登場したフォーリーブスでも繰り返される。

前出の「タレント帝国」で竹中労は書いている。

「その〝原点〟からジャニーズは〝虚像〟であった。それをつくりあげてきたナベ・プロという巨大な〝スター製造機械〟に、ジャニーズ解散の真の素因はあるのだ。タイガースがその道程を歩き、フォー・リーブスが同じプロセスを踏みつつある」(「タレント帝国」)

竹中の予言は的中する。

第二章

フォーリーブス解散と北公次の失墜

1967年末をもって解散したジャニーズにとってかわり、ジャニーズ事務所が送り出したのがフォーリーブスだった。そして彼らはジャニーズ事務所が芸能界に確固たる地位を築くに至る大きな成功をもたらす。

フォーリーブスはジャニーズが解散する前にバックダンサーとして結成され、6月にジャニーズ主演の舞台ミュージカル「いつか何処かで　フォーリーブス物語」に「ジャニーズ・ジュニア」として出演。この時のミュージカルのタイトルがグループ名に転用されたとされる。

当時のメンバーは北公次18歳（デビュー当時は2歳サバ読んで16歳と発表）、江木俊夫15歳、おりも政夫14歳、永田英二12歳だったが、本格的な芸能活動を始めるにあたり、小学6年生の永田が外れ、新たに青山孝16歳が加わって解散までのメンバーが固定された。

フォーリーブスのメンバーが選抜されるまでの経緯を、彼らの著書「フォーリーブスの伝説」（泰流社　1976年刊）の中でジャニー喜多川が次のように書いている。


「トシ坊（江木俊夫）と初めて会ったのは、当時新宿の日赤産院前にあったNTVのケイコ場でした。

どういうものか、いつもジャニーズのケイコ場に顔をみせていたものです。

そのころ、トシ坊はやはりNTVのドラマ『エプロンおばさん』にレギュラーで出演していた関係で、彼のドラマ出演の出番がない時間に顔をだし、ジャニーズのメンバーを『おにいちゃん‼』と呼んで、慕っていましたね。

やっぱり、トシ坊と同じように、たくさんの子役が集まっていましたが、なんというのか光っているものを、私が実感として持ったのは、トシ坊でした。

とても、キラキラした瞳が印象的で、魅力がありましたね。

そうして、見様見真似で、ジャニーズの振りを踊っていました（略）

公ちゃん（北公次）とは、やはりジャニーズが出演していた日劇ウエスタン・カーニバルで会いました。

楽屋から舞台に向かう階段の脇で、じっとステージをみつめていました。

とても、愛くるしい感じで、印象深かったのを、いまでも鮮烈に憶えています。

（略）

公ちゃんは、強烈な個性がありましたね。それは、新鮮だったという一言に尽きます。

その新鮮さのなかに、私は何かを感じたのです。都会っ子とはまるで違った魅力だったのです。

当時、私の所によく出入りしていたのは、永田英二こと英ちゃんでした。

英ちゃんは、ジャニーズが出ていた日劇や日生の楽屋にすでに顔を見せていました。

ミュージカル『王様と私』では子役として岡崎友紀ちゃんと共演していましたね。

英ちゃんは、明かるい歌のうまい子どもでした。話しずきで、彼がいるだけで、その場がにぎやかになるほどで、私たちのペット的な存在だったのです。

そのころ、私は、どうにかして、公ちゃんを芸能界へデビューさせたかったのです。

当時、公ちゃんは、ジャニーズの付人みたいなことをしていましたが、純然たる付人ではありませんでした。

それというのも、すでにジャニーズのステージや、映画『青春大統領』（主演　石原裕次郎、ジャニーズ）に出演したりしていたからです。

　ですから、このことは初めて公開するのですが、公ちゃんはフォーリーブスとして活動する前に、すでにひとりでデビューしていたのです。

　そして、公ちゃんは『ジャニーズ・ジュニア』として、ジャニーズのバックバンドを結成し、TV『セブンショー』などに出演していました。彼は、確か、タンバリンをたたいていたと思います。

　四谷から代々木に合宿所が移ってからだと思うのですが、ある日のことです。合宿所のケイコ場鏡の前で、ジャニーズのケイコの後、公ちゃんがしきりにステップを踏んでいるのです。

　もちろん、公ちゃんだけではありません。トシ坊や英ちゃん、それに私もいました。

『意外にカッコイイなあ』

　突然、公ちゃんが何ということもなく、叫んだのです。

　そのなんでもないと思いながら叫んだ公ちゃんの言葉に、私の胸は、何故か騒ぎました。

　それにつづいて、トシ坊が言葉をつなぎました。

『ジャニーズも四人だから、ボクたちも四人でデビューしようよ』

さらにこんなふうにいいました。

『ボクと公ちゃんと英ちゃん。もうひとり仲間が欲しいな』

すると英ちゃんが口をはさみました。

『ボクの友だちで、芝居をやっている子がいるから、明日、つれてくるよ』

翌日、英ちゃんにつれられて姿をみせたのがマー坊（おりも政夫）でした。

確か、紺のコートを着ていて、印象としては、ただ、背が高いだけの平凡な感じの少年でしたね。

帝劇にも出ているし、子役の経験もある。モデルとしても雑誌などに載っているということでしたが、私はそういうマー坊に引っぱられたかたちで、仲間になることを認めました。

歌うことと、踊ることがすきでたまらないというこの四人は、いわば、ジャニーズの弟子のような存在で、レッスンに入ったのでした（略）

私は決意しました。

きっとこの四人をジャニーズの後輩として、育ててみようと」

ここまでがフォーリーブス結成までの経緯である。この後、67年秋からNTV「プラチナ・ゴールデンショー」へのレギュラーが決まったものの、小学6年生だった永田英二は深夜までかかる収録に参加は無理という理由でメンバーから外れ、急遽、5人の候補から青山孝を選抜、フォーリーブスの4人を確定させる。前出書における青山孝への言及は以下のとおり。

「候補者には、子役の大沢健次郎クン（注・成瀬巳喜男監督『秋立ちぬ』60年や岡本喜八監督『血と砂』65年などに出演した大沢健三郎の誤記?）やハーフのポール、そしてター坊がいたのです。

私は、日比谷にある飛行館スタジオで、レッスンを行い、東京音楽学院の生徒で、私のところにも、よく出入りしてたター坊（青山孝）を英ちゃんの後任にしたのでした。

ター坊は華やかさはありませんでしたが公ちゃん、トシ坊、マー坊にない、新鮮さがありました。公ちゃんなどとはまったく異質の個性といったらいいでしょう。

それだから、私は、ター坊を選んだのだと思います」

書籍「フォーリーブスの伝説」はいわゆる〝タレント本〟と呼ばれる類いであり、メンバーが書いたとされるポエム以外のエッセイ的文章はゴーストライターの仕事と思われる。ただ、ジャニー喜多川名義の文章は段落が多く、たどたどしい文体でもあり、本人に語らせた言葉の書き起こしが基本にあると想像できる。そして、その言葉にはジャニー喜多川のフォーリーブス各メンバーへの思い入れの差が如実に表れている。

たとえばそれは公ちゃんこと北公次についての記述の極端な多さからも理解できる。4人組の本でありながら、北公次のソロデビューを考えていた熱意を隠そうとしない点にも思い入れの強さが覗く。

江木俊夫、メンバーから外れた永田英二に関しても記述は多く、おりも政夫や青山孝には、いかにも員数合わせという感じのそっけなさだ。

のちに書籍「光GENJIへ」で著者の北公次は、67年当時、ジャニーズの4人組の付き人として活動しつつジャニー喜多川に愛人のように囲われ、夜ごと肉体を弄ばれていたと明かした。その背景から連想すれば、当時12歳の永田英二がフォーリーブスを離脱したのにも別の理由があったのでは?という考え方もできる。

それはさておき、テレビ「プラチナ・ゴールデンショー」出演で知名度を得たフォーリーブスに、さっそくレコードデビューがオファーされる。少女ファンのついていた彼らには東芝、グラモフォンなど数社からオファーがあったというが、射止めたのはその年、アメリカの大手レコードメーカーＣＢＳとソニーが合弁した新会社「ＣＢＳソニー」だった。

フォーリーブスのデビュー盤はＣＢＳソニーのシングル第１号（製品番号SONA15001）として発売されるが、そのディレクターをつとめたのが後に南沙織、郷ひろみ、山口百恵など錚々たるアイドル歌手を育て、ヒット曲を送り出した酒井政利であった。

酒井はその年、日本コロムビアからＣＢＳソニーに転職したばかりだった。当時の若者向けポップスの主流は爛熟期を迎えていたグループサウンズ（ＧＳ）であった（フォークソングはまだ興隆期だった）。68年は１００を超すＧＳグループがデビューしたといわれるが、69年にブームが一気にしぼみ、トップアーチストだったザ・タイガースから加橋かつみ、瞳みのるらが脱退したり、ムード歌謡風の曲が増えるなど、末期的症状が出始めた。芸能界における男性ボーカルグループの過渡期といえる時期である。

フォーリーブスと同じ時期、ＣＢＳソニー初期のアーチストとして酒井が手掛けデビューしたアダムスは66年に結成されたナベプロのＧＳ第１号アウト・キャスト解散後のメンバー水谷公生、轟健二を擁する５人組で、そのデビュー曲「旧約聖書」は大袈裟なタイトルから想像できるとおり、壮大なオーケストラ、合唱をバックにしたファンタジーソングだった。ただし、ポストGSを模索したアダムスは、のちに編曲家、スタジオミュージシャンとして名を成す水谷がリーダーで、ミュージシャン的な不良性が抜けきっていない。それが成功にいたらなかった理由のようで、彼らは4枚のシングルを出して69年に解散した。

フォーリーブスのデビュー曲「オリビアの調べ」は、全盛期にあったメルヘンGSソングのオーソリティ鈴木邦彦を作曲に起用、星、太陽などの言葉を歌詞に散りばめた、かなりGS指向の強い作品になった。フォーリーブスのキャラクターの中性的感覚、人形か少女マンガのキャラクターのような現実感の乏しさも、当時のGSに見られやすい傾向である。特徴があるとすれば、前出のアダムスとは対照的な男性性や不良性の希薄さ、楽器を演奏せず、歌って踊るだけという健全性指向を示したことだろうか。

その頃、酒井は〝ヤングポップス〟なるサウンドを模索していたという。

「当時の歌謡界は東芝EMIの奥村チヨ、黛ジュン、日本コロムビアのちあきなおみや辺見マリといった歌手たちが人気を博していた。ポップス調だが、やや濃厚なセミ・アダルト路線の歌がヒットしていた。

それなら我々はヤング・ポップス路線でいこうと決めた。他者と同じ土俵で競争するのではなく、独自色を持ちながら、新しい購買層を開拓しようと考えたのだ」（酒井政利

著「プロデューサー　音楽シーンを駆け抜けて」２００２年　時事通信社）

ＧＳやフォークは歌唱者が同時に演奏もするのが特徴だった。それに対し酒井はまず演奏と歌唱を完全に切り離し、歌に特化したアイドルを作ろうとしたようだが、初期のフォーリーブスの曲から新しいサムシングはまだうかがえない。ヴォーカルも線が細く、聞かせる歌とはいえないが、少女ファンには人気になり、21万枚を売り上げたという。

彼らが本格的に売れだすのは70年を過ぎた頃からで、当時の女性雑誌の記事にはこんな記述がある。

「四人が四人とも愛らしくて、健康で、どことなく母性本能（十代の子の場合、人形を愛するような）をくすぐる少年達。

自分の娘が歌手なんぞに夢中になると眉をしかめる母親達もフォーリーブスだけは公認。なにしろあの悪名高いグループサウンズ全盛の頃、ＰＴＡが推せんした唯一のグループだそうだから。ＰＴＡが、子供に安全無害なタレントを推せんするというのもへんな話だが、デビューの頃、彼らは髪を短くして、清潔な感じだったのが、うるさいママゴン達の気に入った理由らしい。

フォーリーブスのファン層は下は小学生から始まって、中三、高一が絶頂、高三の子となるとフォーリーブスを卒業する」

（「週刊女性」1972年4月22日号「ニセ公演券まで出たフォーリーブスとは　無垢で〝無性〟の四人？」）

フォーリーブスはこのように、不良性を押し出したグループサウンズに変わり、健全性やセックスレスの少年性を強調したグループとして脚光を浴びた。それは確かに、新しい時代の少年グループだった。ただ、彼らが注目されたのはその健全さだけではなかったようだ。

レコードでは酒井政利の趣味が反映された興味深い曲がフォーリーブスのセカンドシングルに採用されている。寺山修司を作詞に迎えた「涙のオルフェ」（作曲・鈴木邦彦）である。

67年に「劇団天井桟敷」を旗揚げし、アングラ演劇の帝王として君臨していた寺山は当初、作詞を依頼する酒井に「メジャーな場で活躍する人には用はない」と冷淡だったというが、やがて劇団員であったカルメン・マキのために作詞した「時には母のない子のように」（1969年）が酒井の企画するレコードとして大ヒット、酒井のCBSソニーでの地位を決定的なものにした。その後酒井は天井桟敷劇団員総出演による即興的アルバム「初恋地獄篇」（1970年）の製作に関与、映画「田園に死す」（1974年）には資金を提供するほどの仲になる。

この酒井政利の寺山修司趣味というフィルターを通せば、酒井の手掛けたアイドルたちの実相が見えてくる。寺山は地方出身者や肉体労働者など下層市民への思い入れを表現に託し、それらの上昇指向や夢、貧困と苦楽をいわゆるアングラ調の個性を加えて物語化する才に長けていた。酒井はサウンドに都会的なセンスを加える一方で、寺山的な泥臭いアングラのエッセンスを歌手のバックグラウンドに利用した。のちに酒井が手掛ける女性アイドル、南沙織の「沖縄から来た少女」、山口百恵の「横須賀から来た少女」などは、アイドルに「影」のある背景を用意する演出だったのだ。

そうしてみると、酒井にすればフォーリーブスにも寺山修司的な要素が必要だった。そこに寺山を作詞に起用した「涙のオルフェ」という曲の意味がある。ただ、同作は鈴木邦彦のおなじみのメルヘンGSメロディが勝っている印象が強いし、フォーリーブスのメンバーのほとんどは都心部で裕福な家庭に育ち、子役やモデルなどを経験した坊っちゃんであり、寺山のアングラな世界とはミスマッチな印象だ。

だが、ただひとり、北公次だけが和歌山県の地方部で生まれ育ち、貧しさの中から脱出して芸能界に飛び込んだ寺山修司的な世界の体現者であった。

彼の自伝「２６５ページの絶叫」（１９７５年　ペップ出版）や後の「光ＧＥＮＪＩへ」

（1988年　データハウス）などに詳しく描かれている生い立ちだが、ここでざっと北公次のプロフィールを振り返ってみよう。

1949年、和歌山県田辺市に生まれた北公次、本名・松下公次は県下有数の菓子問屋に生まれるが、7歳で会社が倒産、貧困生活を送る。中学時代は体操競技で県大会優勝するなど才能を認められるが、家の経済事情により中学卒業後、名古屋に集団就職。しかしすぐに就職先を逃げ出し、大阪の寿司店や鉄工場などで働く。この頃、テレビでジャニーズの活躍を目にして憧れ、きっかけを求めて難波などのジャズ喫茶に通い詰めるうちにバンド「ワゴンスターズ」に「ボーヤにならないか」と声をかけられ、仕事を捨ててともに上京。1965年正月の日劇ウエスタンカーニバルで舞台袖でステージを見守っているところをジャニー喜多川に声をかけられ、ジャニーズの付き人になることができた。

前出「265ページの絶叫」ではここから新宿でのフーテン時代に飛び、フーテン女性との童貞喪失や自殺未遂、ハイミナールに浸った暗い付き人時代が描かれるが、「光GENJIへ」ではその間にジャニー喜多川との性関係が克明に描かれている。

「ジャニー喜多川氏に拾われたかたちでジャニーズの付き人となったおれは、ジャニー喜多川氏の勧めで四谷のお茶漬け屋の二階に住み込みを始めた。ジャニーズの付き人になればひょっとするとおれもデビューできるかもしれない、夢見るおれにジャニー喜多川氏は優しく『いつか芸能界でデビューさせてやるよ』と語ってくれた。

大きなチャンスが空から降ってきたのだ。2階の6畳間でさっそく翌日から寝泊まりできるようになった。ジャニーさんの配慮がうれしかった。

そこの部屋に寝泊まりするようになって2日もたつかたたないうちだったろうか、あるできごとがおれの身にふりかかった。そしてその体験はそれ以後4年半にも渡りほぼ毎日続くのだった。このことは今まで誰にも話したことがなければ、手記に書いたこともない、おれが墓場に入るまで黙っていようとしていたことだ。

おそらくジャニーズ事務所のなかでは今もきっとこれと同じことが行われているだろう。すべてをここで書き記すことがこの書のつとめでもあるならば、あの事実を記すこともやはり避けて通ることはできない。

うすい布団に寝ているおれのもとへジャニー喜多川さんがそっとやってきておれの寝ている布団の中に入り込んできた。

『えっ？』

男どうしが一緒の布団で寝るなんてことは寮生活でもなかったことだ。一瞬おれの頭の中に〝同性愛〟という言葉が浮かんだ。だがまさか……。こんなハンサムな青年が……男と……。

その夜はお互いのからだを密着させただけで寝たにとどまったのだが、翌日もその翌日もジャニーさんはおれの布団に入ってきた。そして段々とおれのからだに接する態度が大胆になってくるではないか。

『コーちゃん、がんばるんだよ。きっとスターになれるんだからね、きみは。ぼくも一生懸命応援するよ、そしてジャニーズに負けないアイドルになるんだ』

熱い吐息を吐きかけおれのからだを優しく何度もさすってくる。マッサージともいえなくなかったが、そのうちに手がおれの下半身に及んでくる。

ジャニー喜多川さんの手がおれの男性器を優しくもみほぐし、たくみな手の動きでおれの男根は意志に反して徐々に波うってくる。

ジャニーさんがおれの首筋から頬にかけて口をつけてくる。その間もずっと男根がまさぐられていく。これがホモというやつなのか……」

（「光ＧＥＮＪＩへ」）

寂しい地方都市で貧しく育ち、集団就職、逃亡、チャンスを得て上京、運命が好転した瞬間と、その直後の性的凌辱。

あえて性被害への憐憫や怒りを脇において書くならば、アイドルの背景にある物語としては、これ以上ドラマチックなものはないだろう。

寺山修司はマンガ「あしたのジョー」のファンであり、同作のテレビアニメ化の有名な主題歌を作詞したことでも知られているが、北公次のバックグラウンドには「あしたのジョー」にけっして負けない力強いドラマがある。フォーリーブスという上品で線の細い若者のグループの影のある骨格を、北公次はひとりで背負っていたのだ。こうしたタレントの背景にある物語は、フォーリーブスの歌にも潤いを与えることになる。

いかにも弱々しいボーカルだったフォーリーブスもデビューから4年を経て円熟期に入ると「急げ若者」（1974年）「嵐のあと」「ふたりの問題」（1975年）など、演劇性の強い、ドラマチックな大人の歌を歌いこなせるようになる。後期の「踊り子」（1976年　作詞・阿久悠　作曲・井上忠夫）などは、場末の踊り子の女性人称で歌われ、寺山修司が作詞した浅川マキの「かもめ」のような世界観の曲である。こうした歌を表現するには、アーチストの背景に影の部分がなければ説得力は生まれない。フォーリーブスにおいてはそれが北公次ひとりの存在に集約されていた。

性被害の問題からいったん目をそらした論になるが、フォーリーブスの女性ファンも、そうしたネガの要素を無意識に受容しつつ、彼らのステージに熱狂したのではないか。70年代の芸能界で成功するには、だれもがある程度、背景に暗いドラマが重要だった。フォーリーブスのファンも、北公次の重い生い立ちを感じ取って自己に重ね合わせていたのだ。

それを示す事例として、たとえば70年代の芸能週刊誌にこんな記述があった。

「本誌編集部にかかってくる電話のうちで、フォー・リーブスに関するものが、毎日約12通。すべて女高生の声だが、その半数を占めるのがたとえばこんな内容なのだ。

『トシ坊（江木俊夫）が、有名な女性タレントと、セックスにおぼれているわ』

『マー坊（おりも政夫）がある女高生を妊娠させて、さいきん中絶させたんです』

つまり舞台で若々しい清純さをふりまく彼らが、ひとたびプライベートな時間に変わるとまったく逆な乱行をつづけている、という〝黒い噂〟なのだ」

（「週刊平凡」1972年5月25日号「フォー・リーブスが、いまあえて発言する！」）

アイドルの華やかさの背後に隠れた暗いイメージは、70年代の芸能界に広く、深く沈殿する神話であり、必要不可欠な添加物なのだ。それがあったからこそ、フォーリーブスは成功したのだろう。

そして北公次の抱える影の重みがなければ、フォーリーブスはもっと早く人気を失い、解散していたかもしれない。だが「影の部分」は北公次の内面で反芻され残響を及ぼし、グループ解散後の彼の人生にも強い影響を及ぼすことになる。

フォーリーブスにとって「解散説」は定期的に浮かんでは消える定期的なゴシップだった。週刊誌に載ったものだけでも72年5月、73年10月、74年9月とあり、最後の「解散説」は郷ひろみも巻き込んでかなり具体的な報道があった。

発端は芸能週刊誌とは一線を画す男性週刊誌「週刊現代」１９７４年10月10日号に掲載された「ショービジネス最前線」（文・朝倉朗）で、それによればフォーリーブスの江木俊夫が9月15日に独立宣言の記者会見をすると触れ回ったが果たせず、江木は23日に延期を公言したが、これも実現しなかった。背景にあるのは広告代理店と演出事務所による引き抜きで、それらは芸能界の内部事情に詳しくなく、引き抜き計画は頓挫したとある。

74年の「解散説」はかなり現実味があったようで、芸能誌や女性週刊誌も後追い記事を出し、フォーリーブスの中にギャランティへの不満があったことが明らかにされている。その中で明らかにされたフォーリーブスの月給は以下のとおりだ。


「(昭和)43年、フォーリーブスがデビューしたとき、彼らの給料は2万円だった。翌44年、5万円にアップ。2～3年たって20万円になった。

　これを70万円にしてくれなければやめる、といって、4人が事務所のメリー喜多川さんと話し合ったのはいまから2年まえ。この交渉はひとまず60万円という妥協額で落ち着いたが、4人の不満は消えるどころではなかった。

『60万といっても税金を引かれたら50万円。舞台の衣装は事務所もちだが、個人の衣装代として10万円はかかる。交通費が15万円、こづかいが10万円、電話その他の雑費で10万円がとんでしまうと、60万円という給料はほとんど消えてしまう。それじゃタレントとしての活動が何もできない』」

（「週刊平凡」1974年10月10日号「フォーリーブス解散　郷ひろみも独立へ！」）


　前出の「週刊現代」によればフォーリーブスのステージでジャニーズ事務所が手にするギャラは『日建て二百万円から二百五十万円』とあるから、かなりの利益が事務所に残ることになる。また契約書に関してもフォーリーブスや郷ひろみの契約書は、契約

当時、彼らが未成年だったことと、契約年数がはっきり定められていないことで、かりに破棄してもべつに問題はない」という

いっぽうで報道はジャニーズ事務所側のつぎのような主張も掲載する。

「フォーリーブスという名は、ジャニー喜多川、メリー喜多川さんが事務所で作った名前。ジャニーズ事務所を離れて、新しいグループを結成する彼らに使わせたくないと思えば、この光栄ある〝フォーリーブス〟の名はホコリをかぶることになるかもしれない」

（「週刊平凡」同前）

「育ての親であるジャニー喜多川の〝親心〟ともいうべき考えにそって出された結論は——。

ギャラは、できるだけ希望にそえるようにアップする。

青春ものばかりではなく、これからは、大人ぽいものも三回に一度は演じていく。

この二点を中心に、話し合いは大きく好転しているといわれる。

ギャラアップについては、これまでのワンマンショーだけという線を捨て、商店街主催のショーや遊園地での催しにも、積極的に出演する、というプロとして〝なんでもやる〟式の話し合いもかわされている」

（「週刊女性」１９７４年10月22日「給料アップで不満が解消」）

この「プロとして〝なんでもやる〟に関しては、ジャニーズ事務所は翌75年にさっそくフォーリーブスをキャバレー営業に送り込み、中年の男性客のためと細川たかしの「心のこり」などを歌わせ、これ見よがしにドサ回りの悲哀を週刊誌に書かせた。

こうした事例を見れば、ジャニーズ事務所がいかにタレントを酷使しているかが分かるだろう。また週刊誌側も常に事務所側の味方についているのである。

先代ともいえるジャニーズの４人組が20歳を目処に解散、メンバーが独立したことを思えば、このとき北公次は公称23歳（実際は25歳）、江木俊夫22歳、おりも政夫21歳、青山孝22歳、とうにジャニー喜多川に大切にされる年齢を超えていたが、解散しなかったのはレコードがそれなりに売れ続けていたからだ。71年のシングル「夏の誘惑」「地球はひとつ」はオリコン最高位が10位、13位で、この頃が彼らの人気絶頂期だ。レコードは一定して20万枚以上売れていたようだ。

ところが74年までは20位前後をキープしていたオリコンチャートは75年頃から低迷を始め、76年の〝大人向け〟の名曲「踊り子」はオリコン最高41位、話題性のあった77年の「ブルドッグ」も40位、以降のシングルは「男と女の紙芝居・三幕」は67位、作詞・

北公次、作曲・青山孝の「どうして…」は83位という有様である。

77年になるとコンサートの入場者にも陰りが出るようになった。

「4月3日の福岡市民会館では1800人収容の席に983人、4月10日の中野サンプラザでは2070人収容の席に1633人、5月1日の大阪フェスティバルホールでは2826人収容の席に1682人（以上、各会場の事務所調べ）と、いずれの会場も空席がめだった」

（「週刊平凡」1977年8月18日号）

こうした低迷の中、フォーリーブスが解散宣言をするのは78年5月のことだった。伏線として77年にメンバーの青山孝の結婚があった。青山は数年前から元ミス・ユニバースでダンサーの島田純との交際報道が続けられていたが、77年に事務所が認めたことで入籍、アメリカ・ロサンゼルスで行われた挙式にはメリー喜多川も参列した。

この結婚報道の際にも近くフォーリーブスは解散するのではとの見解が示され、翌78年5月14日に行われた記者会見で、7月26日から始まる約1ヶ月の全国縦断ツアーを最後に8月いっぱいをもって解散が発表される。

ただしマスコミにもファンにも大きな動揺はなかった。メンバーが20代半ばの年齢に達したフォーリーブスには新規の少女ファンがつくことはなかったし、初期から彼らを追い続けたファンは結婚適齢期に達して追っかけから卒業する場合が多かった。前述のデータが示すようにレコード、コンサートの成績も芳しくなく、また各メンバーはすでに個別の仕事を開始していた。

北公次は単独でテレビドラマに出演、江木俊夫も俳優を目指すと口にし、青山孝は作曲家、おりも政夫は司会業への転身が見込まれていた。彼らの直接的な先輩というべきジャニーズに比べ、フォーリーブスの活動期間は10年以上と長く、メンバーの脱退や交代もなく続いたのは当時の男性アイドルグループとしては稀有な例だ。

そしてジャニーズ事務所の成長は間違いなくこのフォーリーブスとともにあったといってよく、1975年のジャニーズ事務所の完全独立・法人化も彼らが生んだ利益によるところが大きいと考えられる。

経営者であるメリー・ジャニー姉弟にしてみれば彼らを長く抱えたことでタレント管理のシステムを学び強化できたろうし、レコード会社CBSソニー、ことに酒井政利の独特のセンス、たとえば前述の寺山修司的感性を楽曲に投入するなど、新たな成功の方程式を発見できたメリットがあった。

余談になるが、酒井政利は2016年、デビュー前の若手男性演歌歌手からセクハラ行為を繰り返したとして1100万円の損害賠償請求を受けている。酒井自身は自らカミングアウトすることはなかったが、彼にはそれ以前から同性愛指向の噂が根強くあり、タレントのデヴィ夫人に指摘されて論戦になるゴシップもあった。ただし有能なレコードプロデューサーでもあった酒井の性的指向をマスコミが問題視したり批判することはなかった。

性的指向について筆者は否定も批判もするつもりはないが、ジャニー喜多川がタレントとして成長させ、酒井政利がレコードを売ったフォーリーブスが11年もの長きにわたって芸能界のトップに君臨し、70年代に続々と登場する男性アイドルの手本になったことはまぎれもない事実であり、それによって日本の芸能界にゲイ的感性が根付いてしまったことも否定できない。そうした芸能界独特の感性は大衆にも支持されており、ジャニーズ事務所のタレントの圧倒的人気が、ジャニー喜多川が性犯罪を続けたその自己肯定の裏付けになり得ている可能性もある。

いっぽうで、ジャニーズ事務所の男性アイドル管理の抱える歪みが悪いケースとして現れたのが、フォーリーブス解散後の北公次の覚醒剤逮捕事件であろう。

事件発覚の発端はフォーリーブス解散から4ヶ月後、78年12月に芸能界とはなんの関係もなさそうな長野県伊那市のプレス工Aが起こした離婚訴訟である。Aは訴状の中で離婚事由として以前スナック経営をしていた妻Hが不倫をし、しかも覚醒剤を常用していることを挙げた。そして妻の不倫相手が元フォーリーブスの北公次であり、北公次もまた覚醒剤を常用している旨を訴状に書いたのである。

「(一) 被告Hは、昭和51年11月頃より歌手フォーリーブスのメンバーである訴外北公次と懇意になり、その頃からホテル『らん』等で度々密会をなして肉体関係を結び今日に至るもその関係を継続していること」

「(二) 被告Hは、昭和51年8月ごろから本格的に覚醒剤を用いたり、これを第三者に売却するようになった(昭和48年暮頃よりぼつぼつ使用していたようであった)ので、原告がこれを中止する様強く制したがみみをかさないばかりか、フォーリーブスの訴外北公次にもこれを勧めて常用患者としたばかりか、同年1月頃から前述の通り訴外北公次と肉体関係を結ぶに至り、常用しているホテル『らん』の外都内の数か所のラブホテルで度々訴外北公次との密会をいまだに継続している」(訴状内容より)

週刊誌の取材によれば、北公次が被告Hと知り合う経緯はこうだった。

被告Hはかつて四谷にホストクラブを開店させ、原告のAを従業員として雇ううちに結婚に至ったが、ホストクラブはうまくゆかずスナックに転業、Aは勤めに出るもそれもうまくゆかず、夫婦仲が悪化する頃にHの妹の同棲相手のミュージシャンが北公次の友人だったツテで、北がスナックに遊びに来るようになり、やがて1976年頃からHと深い仲になり、覚醒剤を教えられた。Hの日記には「コーちゃんと『蘭』で会う」といったような決定的記述も残されていたという。

こうした民事裁判の訴状がなぜマスコミに流出して大々的に報道されたかは謎であるが（弁護士の照会を受けたであろうジャニーズ事務所から漏れた可能性が考えられる）、78年の年末に週刊誌に載ったこの記事をうけ、北公次は芸能活動を断念しなければならなかった。そうしたことで自暴自棄になったのであろうか、79年4月12日、北公次は六本木で暴力団員から覚醒剤を購入、自宅（後述する後援会代表の家）で使用しているところを通報され、厚生省麻薬取締官に逮捕された。

この逮捕報道の中で、彼はフォーリーブス解散直後の78年9月、すでにひとりで関東甲信越厚生局麻薬取締部に出頭していたことが明らかになった。

ところがこの時は「本人の反省の色も濃かったし、〝自首〟というかたちを考慮して、温情的措置をとったんですが」（「アサヒ芸能」1979年5月3日号）と逮捕には至らず放免されている。北公次は「2年前に覚醒剤を使用した」と申し出たもので、当日は尿検査で反応も出ず、物証もないために不問に付されたというが、この時、北の外見は「目はうつろ、憔悴したハダ。おまけに〝常習者の烙印〟である青黒い注射ダコが両の腕にくっきり」（「アサヒ芸能」同前）というから、何も咎めず放免した麻取の対応には違和感がある。あるいは解散ツアーを控えた時期に逮捕を回避したいジャニーズ事務所がなんらかのアピールをしたのではないだろうか。

フォーリーブス解散直後、北公次は「2年間の予定」と宣言してアメリカに武者修行に出た。後付けで考えれば、その渡米はおそらく覚醒剤を断つ目的だったのではなかろうか。そして北公次はわずか2ヶ月の滞在で78年11月に日本に帰国、その約2ヶ月後には問題の離婚訴訟が行われスキャンダルになる。

アメリカにいればマスコミの報道を知らぬふりをできたであろう北公次はなぜ日本に戻ってきたのか。様々な想像が渦巻くが、北公次においてはすべてを観念し、身の上の清算のために帰国した可能性が高いように思える。

最初にこの覚醒剤スキャンダルを報道した「週刊サンケイ」誌は当時、北公次はジャニーズ事務所を離れフリー状態で、後援会代表の自宅に居候していると伝えている。のちに当時の北公次は第一プロダクションへの所属が決まっていたと分かるが、いずれにせよジャニーズ事務所はすでに北公次に見切りをつけていたのだ。ジャニーズ事務所は北公次の覚醒剤使用を知っていたのではないか。
また同誌は後援会代表のコメントとして以下のように伝えている。

「北公次が再起を目指したこの時期に、なぜこんな話が出るのか分からない。私には北公次というタレントを再起させたくない人たちの〝意図〟のようなものを感じざるを得ません」

（「週刊サンケイ」1979年1月4・11日号「北公次は覚醒剤常習というスナックママの離婚訴訟」）

「再起させたくない人たち」とは誰だったのか。ジャニーズ事務所の人々ではないのか。
逮捕後、北公次は拘置所に収監されるが、約一ヶ月の拘置で保釈となり故郷の和歌山に帰省する。早期の保釈がかなった背景としては北公次が取り調べて入手先などを隠さず素直に自供したことが考えられる。そのため裁判も早く、6月11日に行われた初公判で即日結審され、懲役10ヶ月、執行猶予3年の判決が言い渡された。
裁判では検察側の訴状朗読により、週刊誌の取材では分からなかった様々なことが分かった。以下、判決を報道する週刊誌からの引用である。

「北が最初に覚せい剤を用いたのは（昭和）50年の秋ごろ。フォーリーブスの全盛時代で、不眠に悩まされていた北が、睡眠薬といわれて、なじみのホステスから注射を打ってもらったのがきっかけだという（略）

その後、元女優のA子とバーで知り合い、覚せい剤はあるかと持ちかけた。数回にわたってA子に注射をしてもらったが、池が警察に追われていると聞いて、池をさけるようになった（略）

元フォーリーブスのバックバンドをつとめていた永田英二からも、覚醒剤の入手先を紹介してもらったりしていたようだ。

芸能人の名前だけではなく、暴力団関係のシャブ（覚せい剤）の売人たちの名もあがっている。彼らは現在、北の自供によって逮捕されて公判中である」

（「週刊明星」1979年6月24日号「北公次、判決で明らかにされた意外な事実」）

ここで名前が挙がったA子は1971年にデビューしたポルノ女優で、大手映画会社専属としてグラマスな肉体を惜しげなく披露、スケバンものなどで一世を風靡した。しかし75年頃から人気に陰りが出て、77年には覚醒剤使用容疑で逮捕されている。注射痕が確認されたなどの報道をされたにもかかわらず、なぜかこの時、A子は不起訴で終わっている（その後、同年、賭博容疑で再び逮捕された）。

この77年の覚醒剤逮捕の際の不起訴処遇の理由は謎だったが、当時まだジャニーズ事務所の所属だった北公次と関係があったと分かると、その背景でジャニーズ事務所が事件のもみ消しに動いたのではとの邪推もしたくなる。

いずれにせよ、この覚醒剤逮捕事件は北公次の芸能生活に決定的なダメージを与え、以後、彼は長く生地の和歌山県田辺市で逼塞する。

前述したように北公次はフォーリーブスの存在感の支柱だった。

70年代のアイドルに求められたネガティブなバックグラウンドを、フォーリーブスの中でたった一人で抱え続けた。北公次は暗い青春、孤独、劣等感、反抗と成り上がりの象徴であり、「あしたのジョー」であった。その「影」の部分によって、フォーリーブスは大成功し、ジャニーズ事務所を拡大へ導いた。

しかしネガティブな存在でなければならないという自負は、北公次を迷走へ追い込んでいった。それが覚醒剤事件として解散後に暴発してしまった。

他のメンバーは俳優、作曲家、司会者など明確な目標をもって次のステップへ向かうことができた。彼らはもともと聡明な都会人だったのだ。しかし北公次にはそのような聡明さはなかったようだ。

「ドラマなんかに出ても、〝公ちゃん、地のままでいいんだよ〟っていわれる。そのままでいいっていわれても、彼には自分自身に自信がもてなかったんじゃないか。ファンが抱いていた詩人の神秘的なイメージっていうのを、彼自身それほど自覚していたとは思えない。なんかいうと中身ないのバレちゃうんじゃないかっていう危惧感の中で自分のカラに閉じこもってきた。地のままっていうのはかなり苦痛だったんじゃないかな」

（「週刊平凡」1979年6月28日号「北公次　転落の軌跡」）

北公次は1973年頃から単独でドラマへのゲスト出演をしてきたが、俳優としては器用な印象はなかった。そんなことはマネージャーのジャニー喜多川やメリー喜多川は充分にわかっていただろう。タレントを真に気遣うなら、ジャニーズ事務所はフォーリーブス解散後の北公次をもっと支援し、大切に管理すべきではなかったのか。この価値のなくなったタレントへの冷淡な対応こそが、ジャニーズ事務所の暗部であり決定的な短所ではないのか。

また、ジャニーズ事務所を離れた後に薬物に手を出したのは北公次だけではない。豊川誕《じょう》、赤坂晃、田中聖、疑惑報道だけで立件のなかったタレントを挙げればさらに名前は増える。なぜジャニーズ事務所は薬物との関係を断ち切れないのか。タレントの徹底的な管理や、彼らが薬物に溺れてしまう仕事上のストレスを排除できないのか。

それは「芸能界だから」というだけでけっして済まされるべき問題ではない。

第三章

郷ひろみと豊川誕の辛酸

60年代末から70年代にかけて、フォーリーブスの成功によってジャニーズ事務所の基礎が築かれたことは前章で書いたとおりだが、その後72年に郷ひろみがデビューし、事務所のイメージを決定的なものにする。郷ひろみはジャニーズ事務所が初めてソロでレコードデビューさせた男性アイドルであり、フォーリーブスで形成された未成年的でノンセクシャルなジャニーズ・アイドルのイメージをさらに洗練させた。

しかし郷ひろみはその無垢な少年のイメージに反するように、デビュー以降、事務所と金銭面での軋轢を引き起こし、マスコミを巻き込んだ騒動の果てに75年春に事務所を退所、バーニングプロダクションへ移籍した。本章ではその移籍騒動を検証しながら根本にあるジャニーズ事務所の問題点を抽出してみたい。

また後半では、現在もアイドル時代の輝きを失わずに活躍する郷ひろみと対象的に、ジャニーズ事務所を退所した後、失墜していった同時代のアイドル、豊川誕《じょう》の軌跡を見ることで、ジャニーズがつくりだしたシステムの罪を検証する。

60年代末から70年代初頭にかけてジャニーズ事務所が送り出したタレントはフォーリーブスだけではなかった。

あまり知られていないが1966年に結成され、ジャニーズやフォーリーブス、郷ひろみのバックバンドをつとめたハイソサエティーは1970年にLP「世界へジャンプ！」でデビュー、71年にシングル「不思議な恋の物語」を出したがレコードは売れなかった。ただし演奏の実力はあり、LPを1枚出したあとバンド活動に専念、73年まで活動した。

またジャニーズ事務所には60年代末からアイドル予備軍のジャニーズJr.が存在していたが、その中から4人を選抜し結成したのがジューク・ボックスだった。彼らは70年「さよならの祈り」でシングルデビュー、メンバーチェンジを重ねながら5枚のシングルと3枚のアルバム（うち1枚は7インチ盤の6曲入りミニアルバム）を出した。のちに葵テルヨシとしてソロデビューする浅井あきらや、郷ひろみに先んじてバーニングプロへ移籍し「メッツ」を結成、タレントとして活躍した小坂まさるも一時的に在籍したグループである。しかし彼らもヒット曲に恵まれず、フォーリーブスのバックダンサーとして74年頃まで活動した。メンバーだったやなせかおる（柳瀬薫）や小谷純は北公次の暴露本シリーズ最終作「さらば!! 光GENJIへ」(1989年 データハウス)でジャニー喜多川の性加害を告白している。

ハイソサエティーはレコードは売れなかったがジャニーズ・タレントのバックバンドとして活動した。ジューク・ボックスはフォーリーブスの対抗馬としてキャニオンレコードから鳴り物入りでデビューしたがパッとしなかった。これらふたつのグループの失敗はアイドルという商品を成功させる難しさを物語る。しかもジューク・ボックスにおいては小坂まさるをはじめ、複数のメンバーが74年にバーニングへ移籍、郷ひろみ移籍の布石となっている。彼らの移籍が迅速だったのはジャニーズ事務所側が商品価値を高く見積もっておらず、簡単に退所を認めたからだろう。そして人気のないグループのメンバーの事務所移籍はマスコミでもほとんど報道されなかった。

このように70年代においてもジャニーズ事務所に所属するタレントがすべて成功したわけではなく、プロモーションにかけた費用もそれなりに大きかったに違いなく、育成の難しさをメリー、ジャニーの姉弟はシビアに感じていたことだろう。

そうした中、1971年に本名・原武裕美、のちの芸名・郷ひろみがジャニー喜多川によって発見される。

郷ひろみは1955年生まれ、出生から5歳まで福岡県に住み、国鉄勤務の父親の転勤にともなって1961年、小学1年で東京に移住する。小学校時代にテレビののど自慢番組に出たこともあるようだが、本格的な歌や演技のレッスンを受けたことはなかった。

1971年8月、15歳で東宝映画『潮騒』（監督・森谷司郎）の久保新治役のオーディションを受けた郷ひろみは15歳では若すぎると落選したものの、この時、審査員だったジャニー喜多川が履歴書の中から発見、スカウトする。郷はすぐにジャニーズ事務所と契約、異例のソロ・プロジェクトが組まれボイストレーニングやダンスレッスンを受けることになる。

ちなみに、この時の映画『潮騒』で新治役を得た朝比奈逸人（やすと）は自由劇場の俳優・朝比奈尚之（現・あさひ7《なな》オユキ）の実弟で当時20歳、東京藝術大学に在学していた。映画のスチルを見れば、逸人のマスクはけっしてアイドル的ではない。兄の俳優としての実績を考慮し、演技の成長に期待されたのかもしれない。彼は『潮騒』ののちに大きな役を演じることはなく俳優として大成しなかったが、やがてシンガーソングライターに転じてライブハウス中心に活動し「直ちゃん」など名曲を残した。また78年に大学院を修了すると画家となり、斬新な抽象画で画壇の高い評価を得ている。

それに比べ下世話な余談になるが、三島由紀夫原作の『潮騒』は映画化されるたびにヒロイン初江と新治が納屋で焚き火を挟み裸になるシーンが話題になった。ストレートな男性観客には女優の脱ぎっぷりが注目の的になったが、一部のゲイの人々の間では映画化のたびに新治役の若い男優のフンドシ姿がチャームアイコンとして話題になる定式がある。ジャニー喜多川が当時、映画『潮騒』のオーディションに興味を示したのも、なんらかの誘引要素を感じたからではないかと想像しては不謹慎だろうか。

それはさておき、郷ひろみは1972年にNHK大河ドラマ「新・平家物語」の平経盛役に起用され芸能界デビューする。スカウトから1年も経ずに大河ドラマ出演とは、いかにジャニー喜多川が郷ひろみを逸材と見込んで売り込んだかが想像できる。

スカウトから1年後の72年8月には彼のデビューシングル「男の子女の子」が発売された。スカウト時にズブの素人だったことからすれば、レコードデビューまでのスピードは異例なほど速い。レコードを担当したのはCBSソニーの酒井政利で、酒井も郷ひろみのタレント性を高く評価していた。

「当時から、郷ひろみはどこへ行っても、少女たちの熱い視線を集める少年だった。そんな男の子が女の子たちへ言葉を投げかけてみたらどうなるか……。男らしさとか、女の子らしさとかいった固定観念を越えて、中性的な彼の魅力を歌にしてみたいという思いから、このタイトルは生まれた」
（酒井政利著「プロデューサー」２００２年　時事通信社）

酒井がそのように企画したデビュー曲「男の子女の子」は、曲のタイトルを聞いた作詞の岩谷時子に「あのとき、酒井さんって気が狂ったんじゃないかと思ったわ」と言わしめ、作曲の筒美京平は郷ひろみと対面し「うわっ、こんな子がいるんだとびっくりしたね、まるで星の王子様だ」と語ったという（酒井　同前）。

「男の子女の子」はオリコンチャート最高８位を記録し、郷ひろみは一躍、時代のアイドルとして芸能界のトップに躍り出る。

前述したように、郷ひろみの魅力はフォーリーブスが持っていた中性的・無性的イメージを純化したキャラクターだったが、彼以前の人気男性アイドルの傾向をみれば、郷がいかに突然変異的で画期的なアイドル像だったか理解できる。

郷の前年までに人気のあった男性アイドルはにしきのあきら、野村真樹（のち将希）、本郷直樹（バーニングのタレント第1号）などは男性性を強く感じるルックである。中性的な存在という意味では沢田研二も同時代に芸能界にいたが、ザ・タイガースを解散しソロ活動を始めたばかりの当時の沢田はロック指向が強く、男性性を意識させるキャラクターで活動していた。

少年と少女の中間で生きているようなデビュー当時の郷ひろみは画期的なアイドルとしてあっという間にスターダムに乗ったが、一方で以下のような批判的な評価もあった。

「かなり幼いイメージで、あどけない印象のアクションつきで歌っている姿は、いかにもフォーリーブスを育てたジャニー喜多川らしい売り方だし、そのツボにはまってる裕美少年はそれなりにかわいいけど、ひがみっぽい大人たちからは、小児麻痺*的に映るのも無理のないところ。小学3年のころから中学にかけては、女の子みたいだってかわいがられた……っていうのだから、あながち無理しているんじゃないだろうけど」

（「週刊小説」1973年4月27日号「黒い履歴書」加藤康一）

＊ポリオウイルス感染などによる子どもの脳性麻痺を意味する不適切な表現だが、当時の記述をそのまま引用した

大人の男性の視線で見た郷ひろみに関しては、これはごく普通の評価だろう。だが酒井のレコード戦略は熱狂的な少女ファンの支持によって完璧に成功し、郷ひろみは異形のキャラクターとしてトップアイドルの栄光を手にする。

ご存知のように、同期にデビューした西城秀樹、野口五郎とともに、〝新御三家〟の枠組みで話題になったのもラッキーだった。新御三家はそれぞれキャラクターに個性があり、ライバルであると同時にユニットのように報道されたからだ。また女性アイドルでは天地真理、小柳ルミ子、南沙織の3人が71年にデビューしており、「アイドル」という存在が確立した、まさにその時代のデビューだったのだ。

しかし郷ひろみはレコードデビューして1年足らずで事務所と大きなトラブルを抱えることになる。レコードデビューから1年も経たない73年5月にすでにトラブルは芽生えていた。当時の芸能週刊誌で郷ひろみの母・原武輝代は次のように訴えている。

「じつは、ひろみのギャラはジャニーズ事務所のほうでみんな貯金してもらっていて、家のほうでは一銭もいただいていません。家計は、昔どおりお父さんの月給だけでやりくりしています」

（「週刊平凡」1973年5月17日号「郷ひろみ一家の生活費は7万！　母親は皿洗いの内職で…」）

記事の話題はそこから郷の父、原武英夫の国鉄給与がいかに薄給かに移るが、その中にさり気なく以下のような記述が紛れ込む。

「そのうえ意外なことには、ジャニーズ事務所の寮（東京・渋谷区）で寝起きし、そこから高校（堀越学園）に通っているひろみの月々の月謝（1万6000円）まで、苦しい家計のなかから払っているのだ」

「一説によるところの『30万円の月収』は、いったいどこに消えているのだろうか。

本誌の調べによると、郷ひろみの月収は、父親の原武英夫さんとほぼ同額、10万円を切れるらしい。しかも、その全額は、ジャニーズ事務所のほうで貯金しているという」

（「週刊平凡」同前）

記事は郷の実家、原武家の経済的窮乏を訴えているが、背景にあるのはジャニーズ事務所の給与に対する不満なのは明らかだ。

そしてこの年の12月、「郷ひろみ引退か！　母親が所属プロに涙で抗議！」というスクープが「ヤングレディ」誌に載る。それはジャニーズ事務所と交わした書簡の内容まで明らかにする重い内容の記事だった。

「信じられないような話だが、輝代さんの告白によると郷ひろみの月給はわずか五万円。父と母で手内職をやって細々と生計を支えているありさまだという。

『その五万円も五月からやっと上げていただいたんです。それまではずっと三万円だったのです。その月給だって月月、キチンキチンといただいていたのではないのです。こちらから問い合わせてはじめて一年分をまとめて振り込んできたほど（略）』」

「父親は思いあまってこの八月十日と九月十七日、事務所へ配達証明付きの手紙を出した。

内容を要約すると――。

［八月十日消印］『事務所にお預けしたままのひろみの一年間の給与分はいかがなっておりましょうか。（諸経費を説明して）この点、何卒ご考慮下されたく……』

［事務所側の返事］『一年分の月給とプラスアルファを振り込みました。私たちはひろみの養父母のつもりで可愛がっております。何卒、信頼していただきたい』

［九月十七日消印］『私どもの手紙に対し誠意あるお返事をいただき感謝しております。確かに一年間の月給分うけとりましたが、それ以外にお送りくださいました金額の意味が不明ですので右お問い合わせいたします』

月給以外に送られてきたプラスアルファのお金は、かなり多額のものであるが、

その金額については輝代さんの希望により公表をさしひかえるが、

『意味がわからないお金なので手をつけず保管しているのです。問い合わせましても返答はありません』

（「ヤングレディ」1973年12月25日号）


さらに記事は、郷ひろみの進学問題もトラブルの一因だと示している。


「両親がお金の問題にもまして心配したのは十七歳のひろみクンの学校問題。

『私どもは本人の希望もあって進学させたいのです。でもいまのあの子の状態ではとても高校さえ満足に卒業はできませんよ』

そして、事務所との大ゲンカが始まった。日ごろ温厚で知られる父親の英夫さんがすごい見幕で『バカにするな！』と怒鳴りだす始末。話し合いに快く応ずる気配を見せなかった事務所から突然電話があり『すぐこちらへ来てほしい』という言い方に腹がたったらしいのである。

『ここまでバカにされたのでは、悪口ととられようとも、もうがまんが……』

感きわまった輝代さんが、肩を激しくふるわせて両手で顔を押さえてしまった
（略）

『もうひろみも私ども家庭も破滅寸前まで追いつめられたのです。もう事務所とは何も話すことはありません。契約とかなんとかむずかしいことは私どもにはよくわかりませんし、話せば事務所の方の口にいい負かされてしまいます。私どもはただひろみが、商品としてでなく一人の人間として扱っていただければそれでいいんですが……。でももう……』（輝代さん）」

（「ヤングレディ」同前）

そして原武輝代は「紅白（歌合戦）を最後にきりのいいところでキッパリと引退させます」と口にするのだ。トップアイドルの実母による「引退発言」はマスコミに衝撃を与える。

ここまでの報道を見れば過密スケジュールによるタレント酷使、不明朗な報酬の支払いなど、ジャニーズ事務所の悪手ばかりが目立っている。そしてこのスクープときっかけに、週刊誌各誌が後追い取材した結果、様々なことが分かってくる。

たとえば「女性自身」誌１９７４年1月5日号では、母・輝代の以下のようなコメントがある。

「ひろみは（昭和）47年（１９７２年）の8月にデビューしました。でも実際には47

年の3月に事務所と月給3万円で契約したんです。

そして、48年（1973年）の1月まで1円ももらっていなかったんです。そこで、グチをあの子にいったら、じゃあ、もらってくるよ、いくらいるんだ、というので私が、100万円といったら、160万円を持ってきたんですよ」

「でも、その後の48年1月から7月まで、うちじゃ1円ももらってないんですよ。それで、お父さんと相談して、8月10日に内容証明を出したんですよ」

同誌の記者は、73年3月から12月までの10ヶ月までの報酬として160万円を貰ったのなら、月給は16万円ではないかと尋ねているが、輝代は回答していない。また、内容証明発送後に振り込まれたのは73年8月から11月までの4ヶ月の月給20万円だったことも記述している。さらには原武家に不利になるような情報として以下のようにも書いているのだ。

「本誌の取材でも、明らかに48年度に事務所から360万円が輝代さんに渡されていた」

これが前出、ジャニーズ事務所からの回答にあった「プラスアルファ」なのか、あるいは72年度分の給料１６０万円を含む総額なのか不明である。こうした不親切な書き方をしたあとに、同誌記者は次のように記事を結んでいる。

「もっと興味深い事実に突き当たった。来年の郷ひろみの契約である。それが輝代さんの口から話されるまでのプロセスははぶこう。

『すでに、来年の分は契約をすませました。金額はいえません。でも、まあまあです』

本誌は、その金額のほぼ正確な数字を知っている。

月給60万円が郷ひろみの給料である。

こんな契約がまとまる前に48年1月から8月までの月給未払いが精算されていないはずはない。

しかし、輝代さんは、

『あれは、お世話になったことだし、事務所にくれてあげたと思えば……』

輝代さんの発言の目的はどこにあるのだろう。息子の引退を願ってのあまり、ウソを重ねることになったのだろうか。この母は、自分の発言が自分の息子にどのよ

うに投影したかを知らない」（「女性自身」同前）

記者の言わんとするのは、給料の問題はすでに解決し、ジャニーズ事務所側が充分に譲歩した経緯だろう。しかも、読者が事務所側の理性的な対応を意識するようにうまく誘導している。

だが、記者が自信満々に「ほぼ正確な数字を知っている」と言い切るその情報を、彼はどこから手に入れたのか。想像するに、情報源がジャニーズ事務所ではないのか。ならばそう書いたほうが読者にも原武家にも親切だが、ソースを巧みに隠している点にこの記事のいやらしさがある。

こうした事務所側のリークによる記事が出ると、原武家はますますジャニーズ事務所への不審感を強めたであろう。ジャニーズ事務所側はその点をどう考えていたのか。このジャニーズ事務所と週刊誌の対応は悪手に悪手を重ねているようにしか思えない。

タレントの家族に不審感をつのらせ、軋轢を深めてゆく。それは第一章や第二章で示したように、同性愛裁判後のジャニーズにも、また郷ひろみ引退宣言の波及によってフォーリーブスにも起きたトラブルであり、彼らのタレントの活動期間を縮めた悪因でもある。70年代のアイドルブームはタレントの低年齢化現象を生み、その先鞭であったジャニーズ事務所にしても、未成年のタレントとその親との対応に不慣れだった事情はあったろう。だが、こうしたタレントのバックグラウンドや報道についての管理能力不足は当時のジャニーズ事務所が抱えていた経営上の短所、悪癖、最大の悪弊ではないだろうか。この時点ではまだ法人化さえされていなかったジャニーズ事務所は、徒弟制でドンブリ勘定の個人商店にすぎなかったのだ。

「ヤングレディ」誌はスクープの続報で、より整理された形で記事をまとめている。それによれば、前号の「引退か！」の記事が出た直後に郷ひろみと母・原武輝代が電話で話し、郷は仕事の継続を希望、輝代は弁護士を介して事務所と話し合いすることを決めた。

「十二月十日正午――

輝代さんは、知り合いの大川隆康弁護士に問題の解決を依頼した」

論点は①事務所側がひろみの家族に対して話し合いにも応ぜず、あまりにも冷たい態度をとってきたことへの不満。②無視された郷ひろみの健康管理、進学の問題。③不明確な契約の追及（略）。

大川弁護士はこれらを『未成年者に対する人権問題』としてとらえていた。

『法律的には二十歳までは未成年、それでも両親の許可があれば仕事はできるわけです。ところが親が引退させるといった場合、法律的に非常にむずかしい問題なんですね（略）私は法律の専門家として感情問題での対立より、契約の問題として処理しなければ、と思ったわけです」

（「ヤングレディ」1974年1月1日号「郷ひろみが『引退』で父母ととことん話した七時間」）

翌十一日に東京プリンスホテルに原武一家と大川弁護士が集まり郷ひろみの芸能活動継続の意志を確認、翌十二日、ホテル・ニュージャパンで両親、大川弁護士、ジャニーズ事務所、そしてアドバイザーとして東京12チャンネル（現・テレビ東京）チーフディレクターの工藤忠義を交えて話し合いが行われた。その際のジャニーズ事務所側の言い分が記事に掲載されている。

「事務所側も、ひろみに総勢四〇人以上の専属スタッフをつけ、同じクラスのタレントが年に興行を一〇〇回打つところを三〇回にセーブしていること。郷ひろみを『養父母のつもりで将来を考え大切に育てている』ことなどを説明した」

（「ヤングレディ」同前）

結局、この話し合いで原武家の主張が通る形になり、新契約書には「（昭和）五十年（１９７５年）三月、契約切れ後の再契約では全面的に検討し直す」という文言が加えられ、郷の給与も見直しされたという。「ヤングレディ」誌はその額を天地真理や小柳ルミ子の例をひきながら「50万円の線で落ち着く」と書いている。前出「女性自身」誌の「ほぼ正確な数字」という表現とは違っている。

また弁護士の感想として以下のようにも書いている。

「人気実力とも一人前になっているタレントの場合は、問題はそう複雑ではないと思うんです。要するに、一個の商品として売り買いの契約で済むわけです。だが、ひろみクンの場合は未成年、事務所側は人間としてもタレントとしても一人前に育てて行く義務があるわけです。親としては進学はさせたい、健康管理はしてもらいたい。これには双方の信頼関係しかないわけです」（「ヤングレディ」同前）

ちなみに郷ひろみは１９７４年3月に堀越学園から卒業保留され、翌75年3月にも出席日数不足で卒業できず、事務所をバーニングに移籍した後の75年7月にようやく卒業を認められている。ジャニーズ事務所時代には卒業できず、バーニングに入って比較的早い時期に卒業しているあたり、タレントの意向の尊重や学校側との駆け引きの有無などに差があるのではと感じさせる。

結局、73年12月の折衝で郷ひろみのジャニーズ事務所残留が決まったように報道されたが、実際には事務所移籍の動きは続いていた。

「女性セブン」１９７４年11月27日号は「郷ひろみ、独立決定までの全真相!」と題した記事で内幕を伝えている。

同記事は冒頭で「ジャニーズ事務所との念書で、これまで許可なくマスコミの方とお話できなかったんです」という郷の父・原武英夫の言葉を紹介しながら同年11月１日に、ジャニーズ事務所に「郷ひろみはジャニーズ事務所と現在の契約が切れる来年３月29日以後再契約を結ぶ意思がない」との内容証明郵便を送付したことを報じている。念書の存在にもかかわらず英夫が口を開いたのは、すでに新事務所がバックにおり、強力な弁護士が用意されたなど、念書を無効化する対策が整った可能性を感じさせる。

英夫は同記事で、ジャニーズ事務所退所の理由を高校卒業の問題が第一と語っている。またその一方で以下のような内情も訴えている。

「月給の明細が明らかにされなかったということ。60万円といいますが、実際はその半分。不服なのではなく、これこれだから30万円、というふうにもらいたかった。レコードの印税だってもらってないんです。念書には30万円のうち11パーセントまでは親にいれてもいいが、その他は本人のために貯金すること、という項もあります」

（「女性セブン」同前）

この時の報道で名前が上がった黒幕として、当時映画「男はつらいよ」の宣伝を担当して〝寅さん課長〟と異名をとった松竹宣伝課長・池田荘太郎や、背後にはホリプロダクションがいる、などとも書かれているが（郷ひろみが移籍したバーニングの周防郁雄社長は1968年から71年までホリプロでマネージャー業をした）、むしろ裏で動いていたのはCBSソニーの酒井政利だったと考えられる。なぜなら酒井は1972年、デビュー1年目の南沙織の所属事務所をOMC（オフィス・ミュージック・カプセル）からタレントの少なかったバーニングへ移籍させる橋渡しをしているからだ。

南沙織は1971年6月に「17才」でCBSソニーからデビューした。しかし同年9月に転入したアメリカンスクールへの通学がかなわず、家族と事務所OMCの間でトラブルになっていた。それと同時に担当マネージャーMと南沙織の恋愛ゴシップが週刊誌を賑わせるのだが、背景にはOMCに不満を持っていた南を連れてMが独立を画策した動きがあり、「Mと南沙織が同棲している」と報道されたマンションはバーニングが借りていたと判明、72年5月に正式移籍となる。

この移籍をバーニング側で担当したのが、後にバーニング系の事務所フロム・ファーストプロダクションの社長となる小口健二で、南沙織のバーニング移籍の三年後、彼は郷ひろみの移籍にも深く関与し、バーニング移籍後は郷のマネージャーをつとめた。CBSソニーから酒井担当の「E気持」（1981年）でデビューした沖田浩之も事務所をスターダストからフロム・ファーストに移籍しており、酒井・小口のコンビで動いている。これは才能あるドル箱歌手からの信頼獲得のため日常生活のケアを第一に考えるレコード会社の戦略なのかもしれない。

南沙織は移籍直後にテレビの生放送で突然「もう芸能界はイヤ！ 一週間考えたんです。今日限り仕事をやめたい。引退します！ 学校へ行きたい、普通の女の子でいたい。引退して沖縄へ帰ります！」と発言する事件を起こすのだが（Mと別れさせられたことが原因説、新曲「純潔」の話題作り説などあるが真相は不明）、その後は安定して芸能活動を継続している。

同じように郷ひろみも、バーニング移籍後には松田聖子や二谷友里恵との恋愛・破局など様々なスキャンダルを乗り越えながら、事務所との大きなトラブルもなく息の長い歌手活動を続けたことを考えれば、事務所によるタレントの生活管理能力の重要性がよく分かる。前述したとおり、小坂まさるやジャニーズJr.のメンバーも郷ひろみに先んじて１９７４年中にバーニングに移籍して「メッツ」を結成、ヒットには恵まれなかったが79年まで活動を続けるのだから、ジャニーズ事務所とはマネジメント能力の違いを感じてしまう。それに関しては、後述する豊川誕《じょう》の経歴と比較すれば、実に対照的と分かってもらえるだろう。

郷ひろみの移籍に関与した酒井政利は激怒したジャニーズ事務所に「郷ひろみのプロデュースから手を引け」と「強制に近い要請もうけた」と著書に記している（『プロデューサー』）。しかし彼はその後も郷ひろみのレコードを担当し続け、さらにジャニーズ事務所で郷ひろみの抜けた穴を埋めるようにデビューしたＪＯＨＮＮＹ'Sジュニア・スペシャル（ＪＪＳ）や豊川誕らのレコードもプロデュースしている。

移籍騒動のさなかの74年12月に発売された郷ひろみの新曲のタイトルは「わるい誘惑」だった。この曲に関し、担当した酒井政利は以下のように書いている。

「これも、彼の身辺に起こったことを私小説的に歌にしていこうという発想が生んだ作品である。

この少々皮肉っぽくもある楽曲を、当時彼は気づいていたのかどうか。後年のことだが、コンサートなどで、このタイトルの由来を彼も笑いのネタにつかっている」

（「プロデューサー」）


レコードのタイトルならばシャレで済む話だが、移籍と前後し、週刊誌にさかんに掲載された郷ひろみの話題は営業権利金や移籍金に関するものばかりだった。

営業権利金とはスポーツ選手などでいう契約金であろう。


「ホリプロが郷ひろみに営業権利金としてすでに二千万円を渡しているという。無論この話はホリプロ側も全面的に否定しているし、証拠のある話ではない」

（「週刊現代」１９７４年11月21日号）


移籍金は新事務所が前事務所に支払う育成費、プロモーション費、整形手術費用など資本投下分の清算やビッグネームとなった芸名の〝のれん代〟と考えればよいが、芸能界のひとつの慣習であり厳密な名目はない。郷ひろみと同じ時期に事務所を移籍した藤圭子（沢ノ井音楽事務所→新栄プロ）が３０００〜３５００万円、麻丘めぐみ（アルト企画→ビクター芸能）が５０００〜６０００万円などと推定報道されている。

そうした中で郷ひろみはジャニーズ事務所のドル箱だったという大物感からやっかみも含めて大きな金額で報道されている。


「前記二人より高いトレード・マネーを支払わなければ郷ひろみをモノにすることはできまい（略）八千万円から一億円説が出てもおかしくはないくらいのものだ」

（「サンデー毎日」１９７５年３月２日号）


実際に郷の事務所移籍でどれだけの金が動いたかは知りようがないが、移籍直前の１９７５年1月30日にジャニーズ事務所は株式会社として法人登記しており、移籍金との関連が考えられる。登記直後の持ち株の割合は、ジャニー喜多川、メリー喜多川がそれぞれ30％で合計60％、ほかに６名が合計40％を保有していたが、１９８０年に喜多川姉弟で50％ずつ、全株を所有するに至った。

巨額の移籍金報道は、美少年アイドルの無垢なイメージをおとしめるのに役立った。

またジャニーズ事務所サイドからの郷の誹謗中傷報道も続いた。移籍直後には郷ひろみと藤圭子の恋愛関係がゴシップになっているし（両者とも事務所移籍後で前事務所の不興を買っている）、メリー喜多川が郷の移籍直後に週刊誌に登場、契約更新が近づいた頃に郷がとった行動として、以下のような逸話を披露している。

「ひろみ側におかしな動きのあることに気のついた某テレビ関係者が、ジャニー喜多川さん（メリーさんの弟）に、『話し合ったほうがいいよ』と注意し、ついでのことに、そのテレビ局の控室で会談の機会をつくってくれた。

『最近になって聞いたことですが、そのときジャニーが〝いろいろ噂を聞くけど、どうなんだい〟と聞くと、あの子は、ソファにゴロッと横になって片ヒジ付いたなりで、〝いまさら何をガタガタ言ってんの。それより、いったい、いくら出すっていうの〟と言ったというんです。

ジャニーは長いあいだ芸能界で仕事をしてきたけど、あんな情ない思いをしたのは初めてだ、恥ずかしくてメリーにもいえなかったと言っていたそうです』」

（「週刊明星」１９７５年４月13日号「育ての親が今だから明かす郷ひろみの意外な素顔」）

なにやら廓噺に出てくる身請けの決まった娼妓とおちぶれた旦那客の会話のよう

で苦笑してしまうが、この真偽は別として、メリー喜多川のこうした悪態癖がタレントの信頼を壊しているようにも感じる。

ジャニー喜多川による郷ひろみの性被害に関しては本人の告白も第三者からの具体的な目撃証言も今のところない。しかし独立騒動の渦中、郷の母、原武輝代は「女性セブン」のインタビューにこのように答えている。

「――しかし、原因が（注・金銭問題ではなく）学業問題だけ、というのなら、なぜ独立問題に発展するのですか？

『（考え込むようなようすを少しもみせず）それは重大なわけがあるからなんです。でもそれは、ひろみが死んでからでないといえません。その重大なわけのために、ひろみを自宅へひきとったんです』

――重大なわけって？

『それは口が裂《さ》けてもいえません。ええ、絶対に！　私たちが、どんな悪者になっても…ファンの方から、事務所をやめるなんて、恩知らず、いくじなしと思われても、その事情だけは絶対にいえません』（略）

――重大なわけ、というのをもう一度。

『ひろみが、もう死にたいとまでいったんですよ。だから自宅にひきとったんです。でも、その事情は口が裂けてもいえません』」

（「女性セブン」1974年12月11日号「郷ひろみが『死にたい……』と」）

この「重大なわけ」とはなんだろうか。北公次「光GENJIへ」の中で以下のように曖昧な書き方をしているのみだ。

「(一時合宿所に住んでいた) ひろみが悲しそうな顔で部屋にいるのを何度も見かけたことがあった。そして母親が毎晩彼を迎えにきて自宅まで連れて帰ることが続いた。ジャニーズ事務所のタレントたちはお互い〝あのこと〟について話したりはしなかったが、ひろみもまた〝あのこと〟で悩んでいるのだろうと思った」

75年10月にはレコード大賞運営委員の平井賢が、週刊誌に「(郷ひろみは) メリー喜多川によって〝作られたスター〟であることを自覚し、現在のローティーンのファンが、ハイティーンに成長してもついてくるような歌手になるような努力をしなければ前途は絶望的だ」「まず、根本的に発声からやり直すこと (略) 私の〝診断〟では、鼻が悪い。

肥厚性鼻炎といって、鼻腔に腫瘍ができるやつで、俗に〝鼻タケ〟というのだが、これができると声がうまく鼻腔を抜けてこない」（「ヤングレディ」１９７５年10月20日号）など、酷いことを書いている。この記事は、ジャニーズ事務所側が何らかの利益と引き換えに書かせたものだと考えてもおかしくない。

一方で移籍後のゴシップ記事はジャニーズ事務所時代の興行代も暴き出した。

「当時、地方公演の日だてが１２０万円。事務所からの月給は５万円」

（「週刊明星」同前）

「郷ひろみの興行が一日二百万円で売れるとして、月に十日やって二千万円。一年で二億四千万円。諸経費と郷ひろみへ渡したギャラを除いても、手元に五千万円は残るでしょう。でも相当に無理するから、タレントはつぶれてしまいますけどね」

（「週刊現代」同前）

ジャニーズ事務所側の言い分としては、郷ひろみのデビュー後に専属バックバンドを編成し、バックダンサーをジャニーズJr.に担当させ、舞台ディレクター、照明など専属スタッフを固め、移動車両二台分の運転手など「郷ひろみのための一大プロジェクト・チームが組まれたわけだ」とし、「(郷ひろみは)〝プロジェクト・チーム〟のかかり(費用)などは念頭にない」と批判しているが、専属バックバンドやダンサーはジャニーズ事務所所属なので、一人頭の月給は知れたものなのである。

こうした搾取と欺瞞、独立後の冷淡な対処やマスコミを使った報復に対する入所経験者の屈辱が、80年代以降に暴露本という形でバックラッシュする一因になる。

郷ひろみは事務所移籍以降もその才能を枯渇させることなく現在まで驚異的な輝きでスター歌手の高みにいる。

しかし、誰もが同じように栄光の日々を送れるわけではない。郷ひろみの移籍と同時にジャニーズ事務所からデビューした豊川誕《じょう》は、デビュー時こそ同じようなアイドルの片鱗を感じさせたが、わずか数年で転落していった。その軌跡はあまりにも郷ひろみと対照的だ。

豊川誕は郷ひろみの移籍直前、1975年3月21日に「汚れなき悪戯《いたずら》」で郷と同じCBSソニーからデビューした。担当ディレクターも同じ酒井政利である。

その売り出され方はあまりにも強烈だった。

「豊川誕は両親のいない、みなしごである」という報道が数多く出たのだ。

これは嘘偽りなき事実で、豊川誕こと本名・本田孝は1961年、2歳の時、兵庫県姫路市の公園のベンチに置き去りにされているのを保護され、児童養護施設「信和学園」で育てられた。小学校卒業後、兵庫県相生市の夫婦の里子となり、家庭生活の中で養護施設では自由に見ることができなかったテレビで郷ひろみの出演する番組を発見。レコードを買い、歌の練習をしたという。中学卒業後、里親のもとを離れ、神戸にある全寮制の国鉄職員養成学校「関西鉄道学園」に入学する。この学園は夜間、工業高校の定時制に通う決まりで、豊川は朝7時から夜9時までぶっ続けで勉強するつらい日々を送った。

「勉強また勉強の灰色の日々がつづいた。孝はふと、人間の生きがいについて考えるようになった。

『自分でいいと思って選んだ道だけど、どうも機械はぼくにむかない。寮の仲間とバンドを作ったんですが、だんだん歌手になりたい気持ちが強くなっていったんです』」（「週刊平凡」1975年5月8日号「衝撃の過去　豊川誕はなんとみなしごだった！」）

学園1年の1学期を終える前、豊川誕は里親に「独立して生きたいから」と告げ、単身大阪に出奔。喫茶店に就職してアパートで一人暮らしする中、雑誌で「ジャニーズJr.募集」の記事を発見、夜行バスに飛び乗って上京、ジャニーズ事務所に入所する……という麗しいストーリーが多くの雑誌を飾る。つぶらな瞳の美少年、豊川誕にふさわしい純粋な立志物語だった。だが、これらは事実ばかりではなかった。

のちに著書「ひとりぼっちの旅立ち」（１９９７年　鹿砦社）などで豊川誕自身が語ったところによれば関西鉄道学園をやめたのはケンカによる退学だった。その後大阪市北区堂山町のゲイバーで2週間程度働き、そこで知り合ったジャニーズ事務所に出入りする男と上京し、メリー喜多川と面接したのが入所の経緯である。

前出の著書で豊川は16歳時のジャニー喜多川による性被害を生々しく語っているが、それが入所して間もなくステージに上がれた代償でもあったようだ。

「東京での最初の仕事は、まず、先輩たちの仕事を見ることであった。仕事を見て学ぶのである。ステージだけではない。先輩たちの生活ぶりを見ることさえ勉強。もうひとつ、辛い仕事があった。

夜である。

僕は、件の合宿所に寝泊まりすることになったのだが、最初の一週間は自室のベッドを使うことはなかった。

では、どこで寝ていたのか。

ジャニーさんの部屋であった。

彼のベッドで毎晩、自由にされ続けたのだ。自分のやっていることが何であるかは分かっていたつもりだ。だてにゲイバーで働いていたわけじゃない。

ジャニーさんに、ベッドに誘われた時は正直、驚いた。だが、これから、この人に育ててもらわなければどうにもならないということも、僕は十分過ぎるほど、理解していたのである。

これも勉強。

そう自分に言い聞かせて、毎晩、ジャニーさんの相手を務めていたが、不思議と彼を恨む気持ちはなかったのである。

その結果、わずか一週間目にして大きな舞台が用意された」

（豊川誕著「ひとりぼっちの旅立ち」１９９７年　鹿砦社）


デビュー時の豊川誕は純朴で少女的なマスク、折れそうに華奢な体つきなど、まさにジャニーズ事務所のアイドルを体現するキャラクターの持ち主で、哀愁ある歌唱も才能を感じさせた。週刊誌は『『今年デビューした新人の中では屈指の素材である。郷ひろみに匹敵する逸材である』という専門家もいる」（「週刊平凡」同前）と絶賛している。

孤児というプロフィールは昭和時代の芸能人にしてもかなり特異だ。デビュー曲の「汚れなき悪戯」や二曲目の「星めぐり」はマイナーコードの純歌謡曲調で、豊川自身の生い立ちをそのまま歌にしたような歌詞だった。そこには酒井政利の寺山修司指向も強くはたらいていたと思われるが、すでに郷ひろみがいるＣＢＳソニーでは逸材と見られても同じ路線では新曲を発売しにくく、暗いサウンドにするしかなかった事情もあるだろう。

そして、そのオーソドックスな歌謡曲のサウンドが、豊川誕とジャニーズ事務所の間に不協和音を作り出した。

デビューから2年9ヶ月経った１９７７年12月、「豊川誕が歌手を休業」という記事が週刊誌に載る（「週刊平凡」１９７７年12月15日号）。そこで豊川は給料の安さ（月給14万２０００円）やレコードの音楽性への不満をぶちまけている。ことにレコードに対する不満は大きく、それはジャニーズ事務所退所へ結びついたとされる。

「これまで一連の歌やＰＲの方法が、〝みなしご歌手〟として訴えつづけるのにがまんができなかったという。彼の望んだのは、同情で聞いてもらう歌ではなかった。けれどもプロダクションでは、終始一貫〝お涙頂戴〟の姿勢でやっていた、というのである。今年6月に出された彼の最後の新曲『白い面影』もそうだったという」

（「週刊平凡」同前）

このトラブルの結果、ジャニーズ事務所側は「10月でうちとの契約は終わりました」と発言、豊川が退所していたことが分かる。

いちおう記事に掲載されているメリー喜多川の言い分を記しておこう。

「あの子は規則に縛られるのをいやがりましてね。仕事をスッポかしたり、時間に遅れたりして、ずいぶんといろいろなかたにご迷惑をおかけしました」

（「週刊平凡」同前）

翌78年2月にはまるで破門状でも回すかのように、豊川の休業が別の雑誌で記事になった。こちらは豊川の言い分を取材せず、メリー喜多川からの発言だけで執筆されている。

「お金のことも、印税その他、全部本人にはいっています。売り出し方や曲も、すべて本人との話しあいのうえでのこと。理解に苦しむというより、さびしいだけ。このままでは協力してくださる周囲の方に迷惑がかかると思って。それでやめてもらいました」

（「ヤングレディ」１９７８年２月24日号）

同記事は以下のような文章で結んでいる。

「だが、この世界のルールに反して、はたして再起できるのだろうか……。疑問だといわざるをえない」

（「ヤングレディ」同前）

「この世界のルール」。記者がジャニーズ事務所にベッタリなことがわかるフレーズだ。ただ、この一件はのちに裏があることが豊川誕のブログで明かされた。裏で動いていたのは豊川のマネージャーだった白波瀬傑《しらはせすぐる》で、ジャニーズ事務所の不振に危機感をもった白波瀬が独立を画策、しかしジャニーズ事務所と豊川の契約が2年間も残っていることが分かると白波瀬は手を引き会社に残留、後戻りできない豊川は契約上、事務所の承諾がないと移籍できないと知りつつ退所の道を選んだという（豊川誕ブログ　２０１８年９

月20日付)。

実際、この時期のジャニーズ事務所は低迷期にあった。豊川誕も76年3月発売の4枚目シングル「ほどけた靴ひも」のオリコン最高位28位を最後にレコードの売上げは低空飛行していた。同時期にデビューしたＪＪＳも77年7月発売の「ラストショー」を最後に新曲はなく、75年デビュー組では井上純一は俳優へシフト、演歌系の殿ゆたかはまったく売れず、77年にデビューしブロマイドの売上げでは好成績だった川崎麻世もレコードがヒットチャートに乗ることはめったになかった。これらの不振続きに、現場で数字を見ていた白波瀬が深刻な危機感を持ったとしてもおかしくなく、また彼が豊川誕と共に独立を画策したのが真実ならば、豊川には再起の可能性があると見ていたことになる。当時の豊川はデビュー時よりも成長し、精悍で野性味を感じる大人の顔になっており、ミュージシャンとしてまだまだやれそうな気配は充分にあった。

ただ、原因が何であるにせよ、不本意な形で事務所を退所した豊川には茨の道が待っていた。

ジャニーズ事務所による独立への報復は、まず芸名の使用を許さないという行為で始まる。78年、新たな事務所を探す豊川誕にジャニーズが突きつけたのは「どこへ移籍しようと自由だが、豊川誕という芸名だけは使ってほしくない」という注文だった。契約書面の裏付けもあり、週刊誌でメリー喜多川が以下の文面を公開している。

「株式会社ジャニーズ事務所は本田孝（豊川の本名）との契約期間中、芸名を貸与するものとし、本田孝は本契約終了後、文書による承諾を得ずして、貸与された芸名を使用してはならない」

（「週刊平凡」1978年4月28日号）

芸名の使用権についてはタレントの事務所移籍時にトラブルになるケースは多い（能年玲奈→のんなどが有名）。近年には「パブリシティー権」のような名目で事務所側が主張するケースが「無効」となった判例もあるが、事務所がタレントの芸名を商標登録し、承諾なしには使用できないという事例もある。だが78年の豊川誕のトラブルの時点では権利、商標など法益を認めた事例はまだなく、法的効力があるか怪しい一方的な契約書面を突きつけているに過ぎなかった。つまり、弁護士を雇う余力のないタレントに対する事務所のいやがらせ、恫喝の類いと考えられるのだ。

記事に載っているメリー喜多川の主張にも正当性、合理性は感じられない。

「『私はこれまでタレントの芸名はなるべく本名を使うようにしていました。どこの親でも子供が生まれたときは必死になってわが子にふさわしい名前を考えるものです。親のつけた名にはわが子の幸せを祈る一念がこめられている、と思うからです（略）そこで私は彼の身柄を預かったときに、本当の親代わりになったつもりで必死に新しい名前を考えたのです』」

「メリーさんはタレントの芸名は商標だと考えている。

『その商標が高い価値を生むまでに、精神的にも金銭的にもどのプロダクション、どのレコード会社も莫大な投資と努力をしているはず。

タレントや歌い手さんには、そんな目に見えないスタッフの努力をもっともっとわかってほしいんです（略）もし彼がカムバックするにあたって、どこのプロダクションから豊川誕の芸名を使わしてほしいという申し出があっても、許可するつもりはありません』」

（「週刊平凡」同前）

当時はレコードが売れていなかったとはいえ、一時はヒットチャートの20位台をキープし、テレビ番組にも出ていた人気アイドル豊川誕は、2年間でジャニーズ事務所に充分な利益をもたらしたのではないか。

タレント側にとっては同じ芸名で活動できないのは重い足枷になったはずだ。芸名を失った彼はやがて新事務所「エクサエンタープライズ」を自ら興し、「豊川ジョー」の名前で再出発する。ところが仕事は地方でのサイン会やライブハウスのコンサートが月に数本のみで大きな仕事もなく、じわじわと生活は困窮してゆく。

生活の安定を図ろうとスナックの開店を画策した彼は、店舗紹介の話に乗り、紹介者に130万円を渡したが、架空の話だった上に金を持ち逃げされるという悲運にあう。その後、ジャニーズ事務所復帰ももちかけられるが反故になったり、覆面バンド「オール・ジャパン・デビル・バンド」を結成、レコードもリリースしたがヒットに繋がらないなどの不運もあった。

1981年、ジャニーズ事務所と和解し、晴れて彼は「豊川誕」に戻るが、すでにこの頃、彼の栄光の時代を記憶している人間も少なくなっていた。またジャニーズ事務所では低迷の時代を脱し、田原俊彦、近藤真彦、野村義男の「たのきん」やシブがき隊などを成功させ好調を取り戻しており、豊川誕の芸名の問題などどうでもよかったのではなかろうか。

この年の1月、トリオレコードから「愛したら最後」なる新曲を出した豊川誕は「女性自身」誌に登場、苦境の日々を語っている。

「ずっと歌い続けていたんです。スナックやキャバレーの弾き語りです。〝あいつは昔のレコード1枚で商売をしている〟と悪口をいわれ、人気のある歌手の取り巻きからなぐられたこともありました。

でも、もう一枚レコードを出すまではと思って、歯を食いしばって歌いつづけてきたんです」


（「女性自身」1981年4月2日号「『10円玉さえない日もあった』元アイドル歌手・空白の3年間」）


この頃の豊川は年収わずか30万円、テレビ、ステレオ、バイクなどを質屋に入れてしのぐ日々だったという。

だが、芸名を取り戻してもレコードのヒットには結びつかず、トリオからのレコードは一枚で終了する。

ジャニーズを離れ栄光の座にすわり続けた郷ひろみと対極の生き方を豊川誕は歩んだ。経営・管理能力に長けたプロダクションに移籍し長くスターの座にいる郷ひろみと、たったひとりで独立し、不運の中で転落していった豊川誕。この二人のジャニーズ事務所退所後のあまりに対照的な生き様は何を意味するのか。

北公次の例もそうだが、ジャニーズ事務所の場合、一度退所したタレントに対して、その後のケアが冷淡にすぎる。あるいは退所後の生活管理について、現役時代にしっかり教育することを怠っているのかもしれない。

豊川の著書によればジャニーズ事務所時代、合宿所の中は飲酒や喫煙が横行、未成年者でも許されていたという。芸能人に品行方正を説教する気はさらさらないが、こと若さを売るタレントについては、アイドル卒業後に第2、第3の人生を歩まねばならない必然と覚悟を教えることも大事だ（プロ野球選手はそうした教育が必ずされる）。

ただ、代表者による性加害が横行し、黙殺されているような事務所では、そのような啓発は望むべくもないのかもしれない。

北公次にも増して厳しい歩みだった豊川誕の人生は、ジャニーズ事務所時代の荒廃した日々の副作用を感ぜずにはいられない。

そして、こうした悪習に無自覚で、倫理観なきプロダクションに唯々諾々《いいだくだく》と追従し、タレントの不利益を流布する芸能記者、雑誌編集者がいかに多かったかも、郷ひろみや豊川誕の報道が示す事実だ。

筆者は2012年に豊川誕にインタビューしたことがあり、その時に性被害についての証言を聞いた。当時、彼はジャニー喜多川について「(性被害は）ありましたよ、でもそれは『愛された』ということで（笑）ジャニーさんは性格いいんですよ。だから僕も、みんなもジャニーさんを好きなんですよ。嫌いな人はジャニーさんに愛されて、目標がかなわなかった人」と、深刻に訴えるでもなく、にこやかに語った。

すでにアイドルの風貌ではなかったが、豊川は犯歴を隠すでもなく、人懐っこく何でも語る気さくなナイスガイだった。

おそらく現在も何らかの形で音楽活動は続けているはずだ。

あの色気のある甘い歌声は不滅だろう。

再起を心から祈りたい。

第四章
たのきん全盛期の暴政

郷ひろみ移籍後の1970年代後半、ジャニーズ事務所は郷に匹敵する人気の新人アイドルを送り出せず低迷を続けたが、80年代に入ると驚異的に息を吹き返す。その原動力となったのはいうまでもなく田原俊彦、野村義男、近藤真彦のいわゆる「たのきんトリオ」と呼ばれた3人だ。彼らの成功によってジャニーズ事務所は今日に至る栄華を手に入れたといって過言ではない。

だが、彼ら3人の本格的デビューは歌ではなく俳優だった。出演したのは1979年10月にTBS系列で放送開始されたドラマ「3年B組金八先生」第1シリーズである。東京の区立中学校を舞台にしたこの学園ドラマは大量の生徒役を必要としたため、たのきんの3人も中学生世代の俳優として送り込まれたのである（年長の田原俊彦はすでに18歳だったが）。

この第1シリーズは後にジャニーズ事務所の代表取締役となる藤島ジュリー景子も女

優として出演しており（芸名は藤島ジュリー）、たのきん起用の理由はジュリーのおまけとしてねじ込まれた説もある。所属タレントが歌手ではなくガヤ（エキストラ）のような俳優としてスタートせざるを得なかった点に、当時のジャニーズ事務所の苦境が表れている。

しかし「3年B組金八先生」はメインライター・小山内美江子によるシリアスな社会性を盛り込んだ脚本や、主演・武田鉄矢の名演などによってたちまち平均視聴率25％以上を叩き出し、裏番組に刑事ドラマ「太陽にほえろ」（日本テレビ）やアントニオ猪木の出場する「ワールドプロレスリング」（NET）などキラーコンテンツが並ぶ時間帯金曜日夜8時（いわゆる〝キンパチ〟）で人気トップに躍り出る。

また3年B組の生徒役に起用された若手俳優たちも、15歳で妊娠する大役を演じた杉田かおるのほか、現参議院議員の三原順子（現・じゅん子）、鶴見辰吾、川上麻衣子、三田寛子、小林聡美などやがて歌手や俳優として成功する才能ある若手が揃い、その切磋琢磨の中でたのきんの表現力も鍛えられた。

ジャニーズ事務所は70年代のトップアイドル郷ひろみ、西城秀樹、野口五郎が「新御三家」と呼ばれユニット的に扱われて売れた方式にならい、たのきんをセットで売り出した点でも成功、3人を並べたグラビア展開や共演するコンサート、バラエティ番組など、自在なプロモーションが可能だった。

逆に彼らの契約レコード会社は田原＝キャニオン、野村＝ビクター　近藤＝ＲＣＡとバラバラで歌手活動ではライバル関係にあり、レコードが一社に集約されず、むしろセールスが分散して拡大、たのきんそれぞれのファンの間でもヒットチャート上位に乗せようと競った点でも利があったのかもしれない。

「週刊現代」１９８１年4月30日号に掲載された4ページの記事『たのきんトリオ』で大当たり　喜多川姉弟の異能」は、以下のようにたのきんの躍進を称賛する文章で始まっている。

「芸能界に〝たのきん現象〟という新語が生まれた。

『田原俊彦のソロ・デビューは去年の六月、近藤真彦と野村義男が加わって、現在までの総売り上げは五十億円。テレビの歌番組の場合、この手の駆けだしタレントの出演料は三万円が限度だが、『たのきん全力投球』（ＴＢＳ）は三人で二百万円です（略）』

レコードの売れ行きも群を抜いている。近藤の『スニーカーぶるーす』が百二十万枚、田原の『哀愁でいと』が百五万枚。後続のＬＰやシングル盤は、いず

れも四十万枚突破し、六十万枚を越えたものもある（略）

かつてジャニーズ、フォーリーブス、郷ひろみを世に出したのもこの事務所。美少年タレントの育成にかけては、天才的なノウハウを持つプロダクション、と業界でも目をむく評判だ」

「週刊現代」は中高年男性を主な読者層とする週刊誌ゆえ、10代の子供たちには有名すぎるアイドルも一から説明しなければならず、前記のようなくどい記述になるのだが、この記事は途中から方向性を転じ、たのきんを送り出したジャニーズ事務所にまつわる怪しい情報を語りだす。

「この事務所は、コンテストなどで認められた有望新人には絶対に手をつけない。スカウトするのは、ジャニー氏のメガネにかなったズブの素人ばかりである。『ほとんどはヤング雑誌に広告を出して集めます。ジャニーが選んで、彼が住んでいるマンションに合宿させる。五LDKにスター、正規軍、第二軍あわせて二十人近くが寝起きして、レッスンを受けている』（芸能界の消息通）」

「『スターたちのほかに〝坊や〟と呼ばれる二軍が二十人いて、十人ずつ別のマンションに住んでいます。ジャニーさんのいうことを聞けば、上のランクになって次に正規軍に昇格する。〝坊や〟たちが辛抱しているのは、スターへの夢を見ているからです』

信じたくはないが、たのきんの三人も、こうしてスターになったとすれば、芸能界とは暗いところではないか」

「彼らは低い声で、五十数歳になりながら一度も結婚歴がないジャニー氏について、語りはじめた。

『こんなことがありました。疲れきってうたた寝をしていると、ジャニーさんが寄ってきて体にさわったり、抱きしめたりするんです。「やめてくれッ」と叫んだら、ぼくは食事に差をつけられました（略）地方へ行って旅館に泊まると、ジャニーさんは男の子たちの部屋で寝ます。ぼくだけ別の部屋にしてもらったら、異分子扱いされてしまいました。ある種の閉鎖集団で、ぼくは自閉症みたいになってしまいました。事務所をやめたあとも、行く先々を尾行されました。あの中のことを、外で洩らされるのがこわいんでしょうか』

某歌手の告白は、真実なのだろうか。それとも、脚光を浴びた仲間に対する嫉妬が、彼にウソをいわしているのだろうか」

「清く正しくなんて、冗談じゃない。収容所みたいな雰囲気に、いたたまれなくなって飛び出したんです。休みなしに働かされて、月の小遣いが一万五千円。二十四時間、完全な監視体制があって、たとえ五分間の外出でもジャニーさんに断らないと、一日じゅうネチネチ攻めたてられる」

記事はこうした情報の裏取りをすべく、ジャニー喜多川に取材を申し込んだというが、ノーコメントと断られ、代わりにメリー喜多川が取材を受けている。この頃はメリー喜多川もタレントの売り込みに必死なのか、頻繁に週刊誌に登場していた。その一問一答の抜粋である。

「――元ジャニーズのタレントだった人が、〝ナチの収容所〟などといっているが『(メリー)その前に、あなたは、ジャニーズ事務所について、どれくらい知っておいでですか？　合宿といわれるのなら、それがどこにあって、いつのことだといわれるんですか？』(略)

――ジャニー喜多川さんにはスターになる素質を見わける独特の力があるそうですね。

『独特の力というのは、何を想定していらっしゃるのか……私が見たところで、とくにそういう能力があるとは思えませんけど』」

（「週刊現代」同前）

当然、記事が掲載された「週刊現代」が発売されるとジャニーズ事務所は激怒した。興味深いことに、その怒りを直後の「週刊文春」が記事にしている。81年5月26日号「大講談社をふるえ上がらせた芸能界の新女帝メリー喜多川の〝たのきん〟操縦術」なる記事だ。

記事は冒頭からメリー喜多川の怒髪天の発言から始まる。

「許せません！『週刊現代』のあの記事は何ですか。元ジャニーズ事務所のタレントが、ウチの事務所を『まるでナチの収容所みたいだった』と証言している。ナチの収容所なんて、いまの若い子知りませんよ。そンな表現できますか！勝手につくり上げたコメントにちがいありません！　おまけに共同経営者である弟のジャニーが、ウチのタレントの男の子にヘンなことをしているなンて、中傷もいいとこ！（略）『週刊現代』の編集長が謝罪すると言ってきてますけど、わたし、許しません！

講談社の『月刊少女フレンド』をはじめとする全出版物に、たのきんトリオをふくめたうちのタレントの写真掲載、取材は、今後一切お断りします。なにしろ、少女雑誌の三分の一は、うちのタレントのグラビアと記事でもっているわけですからね。それがどういうことを意味するか、十二分におわかりだと思いますけど」

当時、講談社が出していた少女向け雑誌は前出「少女フレンド（週刊・月刊）」のほか、マンガ雑誌「ｍｉｍｉ」、ファッション誌「ミス・ヒーロー」、アイドル雑誌「ティーンアイドル」など。「ｍｉｍｉ」や「ミス・ヒーロー」は表紙にモデルを使い、芸能ページも少ないので影響が小さかったろうが、少年アイドルのグラビア特集で売る芸能雑誌「ティーンアイドル」にとってジャニーズ事務所の絶縁警告は死活問題だったはずだ。

ただし調べた限りでは同誌でジャニーズ事務所のタレントが載らなかった号はなく、１９８１年夏以降も田原俊彦、近藤真彦、野村義男、ひかる一平などが表紙やグラビアに登場している。

講談社の「ティーンアイドル」は80年にアイドルブームが始まった時、「明星」（集英社）「平凡」（平凡出版、現マガジンハウス）「近代映画」（近代映画社）などの後発として創刊されてた雑誌だ。はじめからたのきんトリオの人気を当て込んで編集されており、81年の創刊号（当初は「少女フレンド」増刊として刊行）から一貫して近藤真彦、田原俊彦らジャニーズ事務所のタレントを表紙に起用し続けている。

おそらく編集者はジャニーズ事務所の意向を第一に作業しなければならなかったであろう。そのため先方が提示する不条理な要求、横暴に屈してきた経緯があったのではなかろうか。とすれば、その屈辱や怨念から編集者が「週刊現代」にジャニー喜多川や事務所のダークサイドをリーク、件の記事が成立したのでは？と推理でき、「現代」誌の暴走の意味もわかる。すなわち「こちらだって情報を握っていて、いつでも記事を書くことはできる」というアピールである。

80年代初頭、まだ光GENJIもSMAPも嵐もおらず、唯一たのきん頼りのジャニーズ事務所は、たとえ不本意な記事を書かれても、メディアと持ちつ持たれつの関係にあると理解しており、タレントを全面的に引きあげる仕返しもしなかったのではないか。「週刊文春」は「週刊現代」編集部にも取材し、こんな文章を載せている。

「『週刊現代』編集部も頭を抱え込んでいる。

『いや、まいりました。コトが『週刊現代』にとどまらず、講談社全体の問題に飛び火しましたんでね。うちの編集長とは、メリー喜多川は二度会っています。口頭では、弟さんのジャニーについて書いた部分にこだわり、抗議したようです。それでいて、なぜか内容証明の文章では、ジャニーと美少年タレントたちとの関係についてふれたことには、抗議していない。枝葉末節の箇所ばかり五、六カ所。われわれとすれば、ジャニーの例の件について真向から抗議してくれれば、勝負する自信はあったんですけどねぇ。

勘ぐれば、ジャニーのことについては表沙汰にされたくない部分がある。強く抗議したいけど、ヘタに裁判にでもなって蒸し返されたら、イメージダウンになる。で、別の形で圧力をかけてきてるわけですよ』

いまや芸能界の新しい女帝にのし上がったメリー喜多川さんの威力は、テレビ局に対してははるかに強力に発揮されているようだ。

『タレントがジャニーズ事務所を飛び出し、何かの機会にあるテレビ番組でジャニーズ事務所のタレントと共演することになった。そのときテレビ局に圧力をかけ、台本から元事務所にいた相手タレントのセリフをどんどん削っている。いまや、ホリプロが山口百恵を抱えていた頃のマスコミ、テレビ局への高圧的態度と同じようなもんですよ』（芸能評論家・桑原稲敏氏）」

（「週刊文春」同前）

「ジャニーの例の件について真っ向から抗議してくれれば、勝負する自信はあったんですけどねぇ」と茶化しまじりに書いている「週刊文春」が、この騒動から約10年後、自らジャニーズ事務所と性加害問題で真っ向勝負になろうとは、実に皮肉な運命だ。

この騒動の顛末を2023年、月刊誌「創」11月号が当時の編集者に聞き出している。トラブルの当時に「週刊現代」編集者をしていたのが、のちに編集長として復帰する現・フリー編集者、コラムニストの元木昌彦だった。彼は異動時期でもないのに突然、女性雑誌の部署に左遷されたという。ちなみに記事を書いたのは、やがて「犯罪風土記」（1982年　秀英書房）、「芸能の始原に向かって」（1986年　ミュージック・マガジン）などの力作ノンフィクションを上梓するルポライター朝倉喬司だった（「創」2023年11月号「マスメディアはこれまでなぜ沈黙してきたのか」）。

ただ、「週刊文春」記事に「ホリプロが山口百恵を抱えていた頃のマスメディア、テレビ局への高圧的態度と同じようなもん」とあるように、人気タレントを抱えるプロダクションからのメディアへの恫喝と懐柔はごく当然の慣習として続けられ、メディア側もうまく折り合いながら報道していたのである。そうしたプロダクション全体の権威的なメディア対応の歴史は星野陽平著「芸能人はなぜ干されるのか　芸能界独占禁止法違反」（2014年　鹿砦社）が詳しく俯瞰しているので、そちらを参考にしていただきたい

(同書第5章に「ジャニー喜多川の少年所有欲求」という章がある)。

前出の「週刊文春」についても、かなり曖昧にぼかしながら、本書の第一章で詳述している第1号タレント・ジャニーズへの性加害について竹中労の著書「タレント帝国」を一部引用し、「今回の『週刊現代』の記事を連想させるではないか」と知らぬことのようにまとめている。

「週刊現代」がジャニーズ事務所から食らった仕打ちも、当時それが珍しかったとか、あまりに横暴だったわけではなく、マスメディアにとってはごく当たり前の出来事だったのだ。

郷ひろみがジャニーズ事務所離脱をめぐり揉めていた1974年1月、芸能評論家の加藤康一は「週刊大衆」誌にこんなことを書いている。

「しかし〝一般論〟として、辣腕マネージャーが、ふるえるマスコミ対策ってのは『お互いタレントで食ってるんじゃないですか。歌番組でもお世話になってることですし』

とテレビ局の、それも歌番組の担当セクションに申し入れ、さらに、その上層部に哀訴することであり、

『オタクの児童誌のほうに、ご協力できなくなっても、しかたないと思いますけど、どうお考えでしょうか……』

と少女雑誌を同時発行している大手出版社の、児童誌セクションに強面で接点をもつ、とまァ、こんなことなのだろうかと肌寒い思いをするのである」

人気タレントを抱えるプロダクションによる、恫喝めいたメディア対応はとくに珍しいことではなかったのだ。プロダクション側はアメとムチを使ってメディアを懐柔しようとするが、メディア側も時に記事を使ってプロダクションを牽制する。そのバランス感覚が崩れた時に、絶縁など大きな問題になったり、裁判になったりするということだ。「週刊現代」の記事の問題で講談社側はジャニーズ事務所に譲歩をした可能性は大きいが、ただ、黙って横暴に甘んじていたわけではなかったようだ。

ようだ、というのはあくまで推測の域だからだが、1983年6月、講談社のグループ企業である株式会社日刊現代が発行する夕刊紙「日刊ゲンダイ」が企業小説、官能小説で知られる人気作家、豊田行二の新連載「ガラスの野望」を開始する。この連載小説は誰がどう読んでも分かる書き方で、フォーリーブスの北公次、そしてジャニー喜多川をモデルに、芸能界、そしてジャニーズ事務所の内幕が描かれていた。その内容は

1988年に北公次が「光GENJIへ」（データハウス）で暴露する内容と大きな違いはなく、しかも新聞連載は6年も先んじている。

豊田行二自身による取材か、データマンが間にいたかは不明だが（後者の可能性が高い）、おそらくは有罪判決の後で仕事のない北公次本人にかなり綿密な取材をしてプロットを作ったと考えられる内容だ。

登場人物は匿名化されているもののモデルを容易に想像できる書き方で、誇張や創作が混じるとはいえ、かなり生々しい。モデル側も「小説」と謳われている以上、訴えることもできず、かなり悔しい思いをしたのではないか。それでも夕刊紙や官能小説の読者層とジャニーズ事務所のタレントのファン層は絶対に交わらない別世界の住人であると割り切るしかなかったのかもしれない。

「ガラスの野望」は人気歌手グループ、フォーウイングスの一員だった西圭司の麻薬不法所持での逮捕シーンから始まる。西圭司は西日本の地方都市で育ち、大阪に出奔してテレビで4人組の歌手「ジョーズ」を知って憧れ、上京して彼らのマネジャー、ジョー・仁志川と知り合って、ジョーズ音楽事務所に寝泊まりするようになる。日刊紙連載の官能小説であるから、連日、読者が楽しめるように次から次へと女性が登場、西との濡れ場が描かれる。新宿のフーテン娘との行きずりの性行為で睡眠薬ハイミナールの酩酊を知り、ジョー・仁志川の姉で共同経営者のマリア・仁志川にも性交を強要されたあと、ジョー仁志川との濡れ場になる。

また同小説には、ジョーズ音楽事務所がフォーウイングスに音楽賞を獲らせるための裏工作が生々しく描かれている。

音楽賞関係者をグアム島に招き、「金を握らせたり、酒を飲ませて」「山ほどの御土産をかかえて帰らせ」るという買収、パンフレット用に原稿用紙1枚10万円の原稿を依頼する。

このような業界・メディア対策は現実に近年も行われている。

たとえばジャニーズ事務所は所属する人気グループのカレンダー発行権を、協力的な出版社に割り当てて、大きな利益を出させている。この事実は前出の月刊誌「創」にも書かれている。

「ジャニーズ事務所では、毎年、人気タレントのカレンダー制作を外部委託している。例えば記事によると、今年（注・2007年）小学館が10万部以上発行したHey! Sey! JUMPのカレンダーは、予約時点で9割がさばけ、3億円近く売り上げたという。

数多くの人気タレントを抱えるジャニーズ事務所は、何種類ものカレンダーの発行を毎年、講談社、小学館、光文社、集英社、さらにはワニブックスや学研ぷらすなどに持ち回りで委託している。以前はマガジンハウスや、ぴあ、角川書店なども恩恵に浴していた。

どのタレントのカレンダーをどの出版社に委託するかは、秋頃にジャニーズ事務所から『今年はこれをよろしく』と指定されるのだという」

（「創」２０２３年11月号「マスメディアはこれまでなぜ沈黙してきたのか」）

カレンダーは委託販売制で返本のある書籍とは違い、販売店が買い切りする商品で返品リスクがない。出版社にとっては安定した利益を見込める商品なのだ。引用中「３億円近くを売り上げた」とあれば、少なくとも制作を委託された出版社は１億円以上の利益を確定できる。こうした慣行はプロダクションがメディアに提供する〝アメ〟以外の何物でもない。

小説「ガラスの野望」の連載は１９８３年10月まで続く。この連載は84年に青樹社から単行本化されているが、あまり話題にならなかった。

ただし、話題にならなかったことで古本としては非常に入手しやすい。通俗官能小説として読めるために、タイトルを変えて新書化、文庫化もされている。87年には「ラブ・スキャンダル」としてケイブンシャ文庫、88年には「ガラスの野望」に戻し青樹社で新書化、92年には「野望歌手」と改題して光文社文庫になっている。

話題にならなかった理由として考えられるのは、内容が早書き作家のルーティン・ワークを感じさせ、通俗的なエロス描写の中に実録的要素が埋もれてしまったことがひとつ。また連載が始まった83年6月には俳優・沖雅也が投身自殺する事件があり、その後沖の養父・日景忠男との同性婚関係が発覚し、そのあまりにショッキングな報道に、もはや過去の人となっていた北公次のモデル小説の話題はかき消されてしまった事情もある。

沖雅也の自殺と同性婚報道、そして暴露本ブームと「光ＧＥＮＪＩへ」の関係についての詳述は次章にゆずるとして、こうした形ですでにジャニー喜多川の性癖への言及は様々な形で早くから行われていた。

１９６５年の「同性愛裁判」報道を除いても、ジャニー喜多川の性癖については１９７０年代からいくつかの週刊誌、月刊誌に匿名記事が掲載された。

１９７０年代のものは、71年に日本初のゲイ専門誌「薔薇族」が発刊されたことで男性誌・女性誌を問わずにわかにゲイに関する記事が大量掲載された流れのもとにある。

それらの記事が意味するものは、つまり、70年代の雑誌読者やテレビ視聴者はジャニー喜多川の性的指向について薄々知っていて、芸能界という異界の内部ではゲイの存在や性加害の横行もありふれた日常だと認識していたのである。

だからこの章の冒頭に登場する「週刊現代」のジャニー喜多川の性癖告発が記事になっても「またこれか」という感想しか持たれなかったのも実感だった。その後に「週刊文春」が報じたジャニーズ事務所の反撃も、タヌキとキツネの化かしあいめいた、薄笑いの対象でしかなかった。問題を深刻なものとして認識するのは、現代の視点だからである。

実際にジャニーズ事務所内部にいたタレントたちは苦しんでいたかもしれない。しかし読者・視聴者にとって彼らは異世界の生き物にしか映らず、彼らには彼らの世界の独特の慣習があるのだろうと、その内面に思いを馳せることはできなかった。

こうした70年代の読者、視聴者の歪んだ認識も、もしかすればジャニー喜多川による性加害に歯止めをかけることができなかった一因なのかもしれない。

その意味では、罪の一部は、われわれ読者にも間違いなくある。だが、われわれは当時は気づいてやることができなかったのだ。

第五章

「光GENJIへ」と暴露本ブーム

1983年6月28日早朝、俳優の沖雅也が東京・新宿の京王プラザホテル47階のバルコニーから飛び降り、自殺した。128メートル落下による全身強打の即死で、投宿した部屋には「おやじ、涅槃で待つ」などと書かれた遺書があった。享年31歳だった。「必殺仕置人」「太陽にほえろ」などのテレビドラマで絶大な人気があった美男スターが都心の高級ホテルでの自死した事件は女性ファンのみならず、多くの人々に衝撃を与えたが、死後の報道で大衆はさらに絶句することになる。

記者会見した沖雅也の養父で所属プロダクション社長でもあった日景忠男は表情を歪め泣き崩れながら「沖は俺の全てだったんだ」と絶叫し、自身がゲイであること、沖と同棲していたこと（養子縁組で入籍しているので実質的夫婦の状態ともいえる）を告白した。長身で美男のアクションスター沖雅也とはけっしてお似合いといえない15歳年上の日景とカップルだった事実は、ファンの間には沖がゲイとの噂があまり広がっていなかったことも手伝い、さらなる衝撃を生む。刑事ドラマやアクション時代劇で男性的な役柄ばかり演じた沖雅也がゲイ男性と一緒に暮らしていたとは、ファンたちはにわかに信じられなかった。

カミングアウトした日景忠男はその後のマスコミの取材で、沖は基本的に異性愛の人間で、彼が女性と性行為することを許していたなどを告白するのだが（実際、沖が自殺した日に一緒にいたというホテトル嬢が現れ投身直前の様子を週刊誌に語る）、一連の過程で次々と明らかになる芸能人とマネージャーの男性カップルの生々しい事実婚生活の実態は、週刊誌メディアに時ならぬ「芸能界ゲイ暴露」ブームを生む。

「アサヒ芸能」１９８３年7月14日号「沖雅也自殺後に出るわ出るわの同性交遊」、９月15日号「この道45年のわたしが見た有名人ホモたちの交遊現場」、「週刊ポスト」８月19日号「新宿ゲイ嬢たちの『沖雅也だけじゃない！　これが芸能界ホモ相関図だ』」、「微笑」10月29日号「私が16才の沖雅也に教えた悦楽のホモテクニック！」などなど、男性誌・女性誌関係なくこれこそ「出るわ出るわ」の様相で記事が溢《あふ》れた。ＬＧＢＴに関するリテラシーの低かった80年代初頭であるから、差別的なニュアンスで「ホモ」の用語を使っているのはいたしかたないが、これら様々な側面から書かれた記事は読者にゲイカルチャーに対する理解を深める副作用を及ぼした。

沖の自殺事件の影響下にある記事で「婦人公論」1983年9月号に掲載された「芸能界ホモセクシャル名鑑」(加藤康一)は、それまで幾度も繰り返されてきた芸能界のゲイ人脈を実名で掲載した。芸能評論家として業界と一蓮托生の加藤にとって実名掲載には書きにくい名前もあったに違いない。もちろん記事中にジャニー喜多川の名前もあるが、記述は以下のように歯切れが悪い。

「たのきん・トリオ、シブがき隊で、いまや一世を風靡する勢いのジャニーズ事務所は、ジャニー喜多川さんのホモセクシャルな感覚と実姉のメリー喜多川さんの経営手腕で支えられていると語られるが、ジャニーさんはまさに女性そのものといった生活感覚のひとなのである」

記事中で名前に「さん」がつけられているのはジャニー、メリーの二人だけで、ジャニーズ事務所に対する深慮が感じられる部分だ。書き手自身か、出版社の中央公論社か、どちらかに忖度があったように感じられる。

一方で加藤は記事の導入部にこんな文章も載せている。

「日景氏は美少年を溺愛し、その美貌を天下に認めさせることで、ほとんど陶酔といっていいほどの歓喜にひたる。金の卵を育てて、金を儲けるという仕組みとは、根源的に質が違うから、二人の暮らしは優雅でゴージャスでもある。高価な西洋骨董の並んだマンションの室内は、耽美的でさえある」

何と比較しているのかわかりにくいが、文中の「金の卵を育て、金を儲けるという仕組み」という一節はジャニーズ事務所の方針に対する皮肉や批判めいたニュアンスを感じる。

１９８３年、出版業界はあたかも暴露本ブームが始まりつつあった。

「別冊宝島２９９　芸能界スキャンダル読本」（１９９７年　宝島社）に掲載された匿名記事「この暴露本がエグい！」によれば、暴露本ブームの呼び水となったのは１９８２年にＫＫベストセラーズが出した江本孟紀著「プロ野球を10倍楽しく見る方法」だったという。このヒットに続いて同社はアブドーラ・ブッチャー著、ゴシン・カーン訳「プロレスを10倍楽しく見る方法」を続けざまに発行した。

またＫＫベストセラーズはたのきんトリオや松田聖子、中森明菜などのアイドルエッセイも大量に出しており、ゴーストライターの使い方にもノウハウがあったのだろう。

83年に喫煙や男性との同衾写真が写真週刊誌「ＦＯＣＵＳ」に流出し（この事件が性的接触を意味する『ニャンニャン』なる流行語を生むきっかけになった）アイドルの座を追われた高部知子のエッセイ「告白ハンパしちゃってごめん」やマリファナ所持で逮捕された萩原健一の「俺の人生どっかおかしい」などで当事者の内幕告白ノンフィクション路線を開拓する。

日本文芸社は83年、和田アキ子著「和田アキ子だ文句あっか！」を出し、１３０万部を売る大ヒット作となったという。同社は続けて84年に梓みちよ「ワッごめん!! 梓みちよが酔っぱらってバラしちゃった!!」を刊行。芸能界の内幕や芸能人の日常を暴露した本が売れ筋ジャンルだと気づかせた。

そして沖雅也の自殺から1年が過ぎた84年8月、ＫＫベストセラーズは日景忠男が沖雅也との愛の日々を切々と告白した「真相・沖雅也」を刊行。日景の本は前出の暴露本の数々のように笑えるぶっちゃけ話とは趣を異にし、シリアスな筆致で沖雅也とのプライバシーを詳細に明かしている。

日景忠男の真摯な告白は日本のＬＧＢＴ状況を変えた。たとえば「真相・沖雅也」には以下のような日景の心境が記述されている。

「確かに、ホモというのは、時代と共に変わってきました。昔は倒錯者として世の中から偏見の眼でしか見られませんでしたが、今は、逆にひとつのファッションとまでになっている時代です。世の中の価値観が多様化して、いろいろな生き方を認めあえる時代となったからでしょう。

けれど、私どもの世代は、〝日陰者〟という見方しかされませんでしたから、どうしても明るい太陽の下に、自分の性をさらけ出すことはできないのです。理屈ではよくわかるのですが、これは反射的にしみついた哀しい性（さが）を持った人間の、どうにもならない卑屈さなのです。

どんなに時代が変わっても、ホモ族の大半を世間が色眼鏡で見るところは、なくならないと思うのです。

『ホモは哀しいんだ』『ホモはアブノーマルなんだ』

ということを肯定しながら、自分は生きてきました。

ふつうのひとからは、まるでゲテモノを見るような目で見られるということはありますが、私はそれぐらいのことなら耐えることができます。

けれど、私と一緒にいる相手までも、そう見られているということに耐えられなかったのです。

私と一緒に暮らし、一緒に仕事をしている沖雅也が、常にそういう色眼鏡で見られることに、憤りを憶えたこともありました（略）けれど、幸いにそんな一般的な中傷にとやかく目くじらを立てるほど、愚かな沖ではありませんでした。

『ホモの何が悪いんだ。どこが恥ずかしいんだ。つきあってもみないくせに、余計なことというんじゃないよ。おやじもおやじだ、なんで、もっと堂々としていないのか』

と、いつも彼が慰め、かばってくれたのです。どれだけ私は、精神的に救われたのかわかりません。

しかし、沖の自殺によって、陽の当たる場所に出ることが嫌いだった私は、否応なしに丸裸にされてしまいました（略）

そして、この一年間、いろいろなことで中傷を受けました、けれど、そのために、ひとつ吹っ切れたというのか、これから先の人生が、少し生きやすくなったとは、思うようになりました。

もう誰にも隠すことがないのです。もうこれ以上、醜くもなれないと、開き直ってみるのです」

こうした日景の切実な心の叫びが唯一無二のパートナーの自死によって引き出されたことは悲劇だ。が、彼のカミングアウトと「ひとつ吹っ切れたというのか、これから先の人生が、少し生きやすくなった」という主張は、出版当時（1984年）の読者のゲイに対する見方を改めさせ、共感や親近感を植えつける効力があったはずだ。

日景の号泣会見はビートたけし（北野武）などお笑い芸人のものまねのネタにされ、その後彼はたけしが司会する「スーパージョッキー」（日本テレビ）などに頻繁に登場、ギャグ混じりに趣味をさらけ出して、ゲイの感覚をストレートな人々に身近なものとして理解させた。

1985年、日本のエイズ患者が確認され国内ににわかにエイズ・パニックが起きると、日景は矢面に立たされたゲイの代表として積極的に週刊誌等の取材を受け偏見を解消しようと、「男同士の世界は、〝最終的にインサート〟という男女の世界よりちがうパターンがあるんですよ」「厚生省は抽象的に注意を呼びかけるだけでなく、同性愛のセックスのどの行為が危険なのかを、はっきり教えてほしいものです。そして具体的な予防策を早急に検討して、発表してほしいですね」などと訴えた（「女性セブン」1985年6月20日号）。こうしたことも日景の知られざる社会貢献といえるかもしれない。

実は日景忠男が沖雅也と同棲を始めたのは沖が16歳の時だったという。池袋のウリセンバーでボーイをしつつ、モデルの仕事もしていた沖を俳優業に専念させるため、日景は沖をバーから引き取って同居し、マネジメントを始める。

そして日景は当初は性的な関係もあったと告白している。

現代の基準で計れば、沖が未成年であった以上、それは性加害と批判されても仕方ない行為だ。しかし二人の関係は純粋な愛情や家族的感情で結ばれており、日景は沖のようなルックスの少年たちを渉猟し、芸能界デビューと引き換えに性行為を迫りはしなかった。そこに前述の加藤康一が書いた「金の卵を育て、金を儲けるという仕組みとは、根源的に質が違う」が暗に示すジャニー喜多川の立場と決定的な違いがある。

パートナーの自殺が契機だったにせよ、日景はカミングアウトして、ゲイの生き方を啓発していく役割を負った。ジャニーズ事務所の社勢がどんどん増強されていたこの時代、ジャニー喜多川もなにかのタイミングでカミングアウトし、性の指向をオープンにしていれば、今日と運命は変わっていただろう。

たとえば北公次が著した「光ＧＥＮＪＩへ」の出版直後に、二人の関係をジャニー喜多川の視点から明らかにするとか、真摯な反論の書を出版していれば、それは何らかの転換点になったのではないか。

だが会社が大きくなり、守るべきタレントの数が増えすぎたのか、あるいはメリー喜多川との二頭体制がそれを妨げたのか、ジャニー喜多川は性的指向を隠蔽したまま芸能界でフィクサーとして生きる道を選んだ。少年たちに対する純愛がなく、性欲と私腹を肥やしたい金銭欲だけが作用していたのなら、ジャニー喜多川のとった行為は批判されても仕方がない。

少なくとも暴露本の中で明かされた日景忠男の意識や生き方は、ジャニー喜多川とまったく対照的で、ジャニー喜多川の過ちと愚かさを際立たせる。

さて、日景忠男と沖雅也の問題に紙幅を割いてしまったが、ＫＫベストセラーズの暴露本シリーズのヒットは、出版界に大きなヒントを与え、同じジャンルで一攫千金を狙う版元が現れる。それがのちに「光ＧＥＮＪＩへ」を出版するデータハウスだった。

出版社・株式会社データハウスは１９８３年に「田中角栄最新データ集」を発行して創業。「思想よりもデータを世に出す」が社長・鵜野義嗣のポリシーだったそうだ（「東洋経済オンライン」２０１８年3月25日公開「『悪の手引書』編み出した男の強烈なとがり方」）。その後「悪の手引書」「金もうけの手引書」「よいこの手引書」（以上１９８４年）などサブカル的ノウハウ集を出したあと、１９８５年に吉本興業オフィシャルの「吉本興業商品カタログ」や西川のりおによるエッセイ「おっさん頭の線切れた　大阪・タイガース」

など芸能人本に手を染め、同年長門裕之著「洋子へ　長門裕之の愛の落書集」で暴露本市場に参入する。

「洋子へ」は長門の性遍歴と共演した女優たちの男性関係を実名で暴露し、名指しされた当事者を激怒させた。実際には長門が事前の原稿チェックを怠ったため、酒の酔いにまかせて喋った話がそのまま本になってしまったもので、怒り心頭の女優たちとの紛糾は当然だった。そして長門の平身低頭の謝罪がテレビのワイドショーで伝えられるたびに同書は発行部数を伸ばした。今日で言うところの炎上商法で、「1ヶ月で40万部を売った」との版元社長の証言もある（「東洋経済オンライン」同前）。同社は抗議に対応するため、一部の実名を伏せ、表現をぼかした改訂版を編集し発売したが、初版やその増刷のほうが部数が多く、現在でも改訂前の版が古書市場に大量に流通している。

当然、出版社は二匹目のドジョウを狙って同種の暴露本を作るが、86年の花柳幻舟著「オッサン何するねん！　文化人エンマ帖」や87年の「松坂慶子物語」はそれほど売れていない。むしろ後発の出版社、はまの出版が85年に出したダン池田著「芸能界本日も反省の色ナシ」のほうが話題になったりと思うようにゆかず、何かしら突破口を見つけなかればならない状況だった。

そうした中で88年にあるライターから持ち込まれた企画が、北公次のフォーリーブス時代の性被害を告白させた北公次著『光GENJIへ　元フォーリーブス北公次の禁断の半生記』だったのである。

あるライターとは本橋信宏である。同書がジャニーズ事務所とトラブルのあったAV監督・村西とおるの私怨から生まれ、北公次が性被害を語りだすまでのドラマチックな経緯は本橋の著書『僕とジャニーズ』（2023年　イースト・プレス）に詳しい。

「光GENJIへ」という謎めいたタイトルは、データハウスが長門裕之の『洋子へ』の大ヒットよ再びという願いを込めて同社社長によってつけられた。『光GENJIへ』刊行の陰にはそうした版元の切実な苦況と祈りがあったのだ。

名前を挙げられた光GENJIはジャニーズ事務所が87年8月にデビューさせたグループで、メンバー7人という大所帯、ローラースケートをはいてアクロバティックに踊る振付も斬新だったが、基本的にはジャニー喜多川の趣味という感じの華奢で中性的な美少年メンバーの魅力が少女ファンにアピールし人気になった。87年の音楽賞新人賞を総なめにした光GENJIは瞬く間にトップアイドルになり88年度のオリコンシングルチャートでは1位から3位までを独占している。そうした爆発的人気の中で、光GENJIの名を冠したタイトルの効果は絶大で、彼らの熱狂的ファンが欲しがるのは必然だった。表紙に載る写真がフォーリーブスという10年前に解散したグループで、内容が光GENJIにほとんど触れられていないにもかかわらず、同書は35万部という「洋子へ」に次ぐ大ベストセラーとなり、低迷を続けていたデータハウス社にとって救世主となった。

ただ、当時その内容は少年時代に北公次がうけた深刻な性被害の告発とは受け止められず、出版市場にあふれていた玉石混交の暴露本の一冊と認識された。また「洋子へ」の成功体験があり、抗議や訴訟のトラブルにかかるコストよりも大きな利益があることを経験的に知っているデータハウス社だったから企画が通った可能性もある。一般的な出版社ならばジャニーズ事務所との敵対は回避したいと考えるのが当たり前の時代だった。

ゴーストライターを担当した本橋信宏はのちに「人間・北公次を描きたかった。そして、書ききった。だから続編の執筆は断った」と語っている。彼には当時から、ジャニー喜多川の性加害への真剣な問題意識があったかもしれない。

ただ、当時の買い手は今日問題にされるような「マスメディアが沈黙する大手芸能プロの告発書」との意識はなかった。ベストセラーになっても、同書はあくまで暴露本ブームの中で生まれた「炎上商法」の商品のひとつだった。

ここで「光ＧＥＮＪＩへ」の企画の発端となった村西とおるについて少し書いておこう。

村西とおるは70年代末から80年代初頭にかけ無修正のセックス写真集、いわゆる「裏本」製作者として名と財をなすが、逮捕収監によって儲けのすべてを失い、１９８４年にクリスタル映像からアダルトビデオ＝ＡＶ監督として再登場した。当初はまったく話題にならなかった村西のＡＶだったが、85年頃から定形を壊した彼独自の演出が注目されだし、86年、黒木香主演「ＳＭぽいの好き」がそれまでの女性の性的表現を打ち破る過激作品として話題騒然となり、「ＡＶの帝王・村西とおる」の名を知らしめる。

つまり村西とおるの登場は見事に暴露本ブームの時代と重なるのだ。それはＡＶブームの始まりと期を同じくしているが、考えてみればＡＶもまたそれまで隠されていた男女の生々しい性を映像で「暴露」する表現だった。出演する女性のストレートな感情や肉体反応を記録した村西のＡＶはまさに暴露のＡＶであった。

86年以降、村西の撮るＡＶは何でも売れる入れ食い状態が続くが、その年末、撮影のために渡航したハワイで旅券法違反、マン・アクト法違反などの容疑で逮捕され、半年以上現地に勾留されて罰金刑、国外追放に処された。

87年夏に帰国後、クリスタル映像に復帰した村西は長期不在で低減した売上を回復するべくＡＶ撮影に励むが、その過程で発見したのが田原俊彦と一夜のアバンチュールを経験したＡＶ女優・梶原恭子だった。村西は彼女の体験談をＡＶ「顔にベチョっとください」の中で語らせ、さらに週刊誌等でそのスキャンダルを宣伝したためジャニーズ事務所の直接的抗議を受ける。反発から村西はジャニーズ事務所叩きを決意、引退して故郷に帰っていた北公次の捜索と招聘に資金を投入、性被害を語らせ、出版することに成功する。

知っておくべきは、これら一連の動きは、当時村西とおるが人権問題としてジャニー喜多川を糾弾するとか、芸能界の暗部を暴く道義心から始めたのではなく、自身のＡＶの宣伝のために行っていたことだ。このよこしまな動機もまた、時代が暴露本ブームのさなかだったことに影響を受けていないわけがない。

それまでジャニー喜多川の隠された性加害を知りながら口をつぐんでいたメディアも、「光ＧＥＮＪＩへ」の出版には反応し、ここぞとばかりに紹介記事を書いた。その見出しは以下のようなものだ。

「ジャニーズ事務所への宣戦布告　元フォーリーブス北公次が赤裸々告白！『全て本当のこと。訴えるなら受けて立つ』」（「週刊現代」１９８８年12月10日号）

『「光ＧＥＮＪＩへ」北公次が忠告！　俺が陥ちた同性愛の罠』（『微笑』１９８８年12月17日号）

『あの北公次に禁断の愛４年半を告発された『ジャニーズ事務所』社長の困惑！』（アサヒ芸能　１９８８年11月24日号）

これらの記事は「光ＧＥＮＪＩへ」の性被害描写を引用しつつ、暴露本の過激さを強調したものである。

一方で同書の内容に疑問を呈し、ジャニー喜多川を擁護する媒体もあった。「週刊読売」88年12月４日号は「ジャニーズ事務所の内幕を暴露した北公次告白本の品格」という記事を３ページにわたり掲載、書籍の内容を紹介しつつ、ジャニーズ事務所の製作宣伝課長・白波瀬傑の「論外です」「第三者に強要されて、しゃべってもいないことをしゃべったということにされてるんじゃないか、と私は思うんですが」などのコメントを掲載した。しかも以下のような否定的コメントで記事を締めくくっている。

「ところで、本書のタイトルだが、なぜ『光ＧＥＮＪＩへ』なのか。
鵜野社長はこう語る。
『人目を引くでしょ。光ＧＥＮＪＩのファンが間違えて買うかもしれないし』
言ってみれば、そのレベルの本なのである」

こうした記事はジャニーズ事務所擁護の典型的な例で、それを大手新聞・読売新聞社の発行する雑誌が掲載していることに驚かされる。つまり大手企業ほど、ジャニーズ事務所との良好な関係性を重要に考えていたのだ。

結果的に「光ＧＥＮＪＩへ」という暴露本を世に送り出し、ジャニー喜多川の少年たちへの性加害の告発に成功した村西だったが、ジャニーズ事務所と泥試合を繰り広げていた88年4月に未成年の女子をＡＶに出演させた児童福祉法違反容疑で逮捕、22日間勾留されたのち罰金刑に処された。未成年男子への性加害を糾弾している当人が児童福祉法違反で逮捕されるとは、なんとも皮肉で洒落にならない話である。

真偽は不明だが、当時こんな記事も出た。

「芸能記者の間で囁かれているのが『警視庁を動かしたのはジャニーズ事務所』という

噂。なんでも、当のメリー喜多川自身がいたるところで『自分が村西を逮捕させた』と吹聴しているらしいというウワサなのだ。もちろん、例の〝田原俊彦の愛人〟問題に対する報復としてである」

（「噂の眞相」1988年7月号）

同年9月、村西とおるは電撃的にクリスタル映像から独立、ダイヤモンド映像を設立する。そして設立直後にその年2度めの児童福祉法違反で逮捕される。容疑はクリスタル映像時代に関与した作品で、村西は監督せず、女優と採用面接しただけだったが、監督は不起訴になり、村西だけが起訴された。

当時、AV業界の中でも製作するAVの内容が過激と問題視されていた村西だけに、この独立直後の逮捕は警察からの警告や業界からの永久追放かとも観測されたが、今となって一連の流れから考えると、ジャニーズ事務所から警察当局への何らかのアプローチがあったとの説にも信憑性が加わる。

その後、紆余曲折があり（詳細は拙著「アダルトビデオ革命史」2009年　幻冬舎新書158ページ以降を参照）、AV監督として復帰した村西は北公次のマジシャンとしての再起を支援したものの、ジャニーズと直接対決することはなかった。この私怨の収め方は不可解といえば不可解なものだった。

その代わりとして村西が標的にしたのがプロ野球選手だった。彼はダイヤモンド映像で読売ジャイアンツの桑田真澄と寝たアニータ・カステロを出演させた「噂の恋人アニータ　一球ぞっこん」（1989年）やヤクルトスワローズの、内藤〝ギャオス〟尚行と交際した三田沙織を出演させた「一球ぞっこん2　ここにちょうだい速い球！」（1992年）などを発売する。週刊誌はこの暴露ゴシップに飛びついたが、しかし球界からの反応はまったくなく、ジャニーズ事務所と火花を散らしたような化学反応は起きなかった。

村西とおるは一貫してスキャンダルを商品の売上に結びつける思考の持ち主だった。AVファンにはそれらの作品は薄笑いしつつ覗き見るネタの一種に過ぎず、深刻に考える人間は皆無だったといっていい。

むしろAVファンを驚かせたのは、村西とおるのダイヤモンド映像と専属契約し、十数本に出演したAV女優・野坂なつみが引退後の1995年、ジャニーズ事務所出身でたのきんトリオの一人だった野村義男と結婚したことではないだろうか。ジャニーズ事務所と対立した村西とも共演している女優が、ジャニーズ出身タレントと入籍する出来事はあまりにも意外で不可解だった。しかし、この不可解さが現実なのだ。加えて、「光GENJIへ」の時代には、今日のジャニー喜多川の性加害問題が、これほどまでに日本の社会を大きく動かすとは誰も考えていなかった。

このように「光ＧＥＮＪＩへ」でさえ一時代の流行現象の副産物であって、今日の性加害問題と直線的に結びつく告発だったわけではない。

ただし、この80年代の暴露本ブームは簡単には収束せず、長い時間、ジャニーズ事務所を悩ませ続けた。

データハウスは88年11月に出した「光ＧＥＮＪＩへ」がベストセラーになったことからジャニー喜多川糾弾の本を次々と刊行する。89年2月「光ＧＥＮＪＩへ・再び」、同4月「光ＧＥＮＪＩへ3　みんなで考えようジャニーズ問題」、同6月「光ＧＥＮＪＩへ・最後の警告」、そして現在、ジャニーズ性加害問題当事者の会代表の平本淳也が参加する新・光ＧＥＮＪＩが著者にクレジットされた「8人目の光ＧＥＮＪＩ」が発刊される。9月には北公次著の最終作「さらば!!　光ＧＥＮＪＩへ」が出て、12月に番外編の「光ＧＥＮＪＩファンから北公次へ」が出て「光ＧＥＮＪＩへ」シリーズは終わる。

しかしデータハウスのジャニーズ告発路線は終わらず、10月にはジャニーズ事務所最初のアイドルグループ、ジャニーズの一員の中谷良が引っ張り出され性被害を口にする「ジャニーズの逆襲」が出版、続いて11月に「新・光ＧＥＮＪＩ　ハロー・アイ・ラブ・ユー」、90年には「がんばれ!!　光ＧＥＮＪＩ　新・光ＧＥＮＪＩへの手紙」「ジャニー

さん　光ＧＥＮＪＩへ総集編」「新・光ＧＥＮＪＩ解散!!　７人の新たなる旅立ち」と絞り汁が枯れきるまで刊行は続いた。

そして90年でデータハウスはジャニーズ事務所路線を突然終了、穂積由香里「娘の積木くずし」（家庭内暴力克服美談「積木くずし」のその後の家庭崩壊を娘の側から暴露した内容）やゆうむはじめ「宜保愛子　霊能力の真相」など別路線へシフトしてゆく。

「光ＧＥＮＪＩへ」の続編、周辺書籍についての論評は厳しいものがあった。前出「この暴露本がエグい！」で匿名子は「暴露するネタといったら例の背後関係だけだから、二冊目以降は、もう衝撃がない。ジャニーズ系ファンの女の子からのチクリ情報も多く掲載するなど、長期にわたってジャニーズ事務所批判を展開していたが、本そのものの内容は、つまり、『北公次・再デビューへの道』という、自分がいかにして野望へ一歩ずつ近づいているか…のプロモーションになってゆくのである。

新・光ＧＥＮＪＩの本も、都合三冊出ているが、それも『ボクたち、こんなにがんばってまーす』というだけの内容である。暴露の道を極めたら、グルっと一周してアイドルの本になってしまった、とは……」

新・光ＧＥＮＪＩの一員であった平本淳也でさえ、のちに自著でこんなふうに批判している。

「北公次の本も二冊目、三冊目になると内容の半分は宣伝臭い自己紹介や芸能界への復帰アピールばっかりで、本来の趣旨と大分ずれてきている。北公次は最初の一冊で全てを言い尽くしているはずだった。しかしデータハウス側の手取り足取り調子に乗り、お互いが金づるとなって利用しあった」

（「ジャニーズのすべて2　反乱の足跡」1996年　鹿砦社）

この間にも様々な出版社で暴露本のスマッシュヒットは続いた。

1990年にはのちにプロレスラーになった中牧昭二によるスポーツ用品メーカー営業マンの呪詛「さらば桑田真澄、さらばプロ野球」（リム出版）、91年には38歳の年の差婚で老齢の上原謙と結婚した大林雅美が離婚後に息子である加山雄三家との確執を綴った「悪い女かしら」（イースト・プレス）、92年には脚本家・ジェームズ三木の妻、山下典子が夫の乱倫を暴露した「仮面夫婦」（祥伝社）が出てテレビのワイドショーを賑わせる。こうした乱流に、94年から飛び込んできたのがやがてジャニーズ事務所糾弾の台風の目になっていく鹿砦社だった。

1969年に兵庫県西宮市で創業した鹿砦社は当初、新左翼系の硬い理論書を出していたが、94年、松田聖子の恋人だったジェフ・ニコルス著の第2弾「心からの愛」（彼の最初の著書「真実の愛」はラインブックスから刊行）を期に暴露本路線に参入、「宮沢りえ・悲劇の真相」（1994年）、「付き人・松田聖子との456日」（1995年）などを続々と出版する。1995年「SMAP大研究」でジャニーズ本の味をしめると、〝小説〟という括りの暴露本、原吾一著「二丁目のジャニーズ」を出し、週刊誌で話題になった。

原吾一は暴露本ブームの初期の84年に星伸司の名で「虚飾の海」、95年に青木英司の名で「ガラスの橋を渡る時」など、芸能界のゲイ人脈を一部実名で暴露した〝小説〟を連発した知る人ぞ知る問題作家で、60年代から情報源として様々な名前で週刊誌に登場しては「美少年を集める政財界の秘密ホモクラブ」の存在を語っている。

彼の提供する情報は週刊誌やゴシップ月刊誌のゲイ相関レポートの元ネタになった。また小説として藤原審爾「あこがれの関係」、黒岩重吾「斑点のある唄」などにも採用されている。あまりに再利用されているため読む人が読めば「またこれか…」と脱力もする部分もあるが、小説ともノンフィクションとも判然としない怪しげな筆致で描く粘着質の物語はブラックジャーナリズム的な生臭ささえ感じさせ、奇怪な魅力があるのも事実だ。

「二丁目のジャニーズ」には真家ひろみに接近して性被害を語らせ、ジャニー喜多川が60年代の新宿・旭町で少年を渉猟するシーンが描かれている。この「二丁目のジャニーズ」は96年7月にかけて三部作として発刊された。

それと並行して同じような三部作の大冊として鹿砦社が送り出したのが平本淳也「ジャニーズのすべて」である。

「ジャニーズのすべて」は1980年、14歳でジャニーズ事務所に入所し、18歳まで合宿所に出入りしていた平本の体験、そして「光GENJIへ」で北公次と接し、ジャニー喜多川の性加害告発とそれに関与する過程を克明に描いた力作である。

平本自身は同書の中でジャニー喜多川と添い寝や体に触られる経験を告白しつつ、「私は結局、『ホモとの遭遇』第一夜以来最後まで一線を超えることはなかった。そして最後にはデビューを諦めたのだ」とも書いている。

しかし目撃した光景、合宿所の仲間たちからの伝聞、後に得た証言など、合宿所で行われるジャニー喜多川の醜行とジュニアたちの怯えについては類書の中でももっとも数多い事例を収集している。彼にはジャニーズ事務所の合宿所で知りあったタレント予備軍仲間と強い連帯感があり、そこで起きていた問題を記録し、伝える使命感があるのだろう。同書を読めば、90年代以来、平本が引き受けている活動にブレがないことを理解できる。

また「ジャニーズのすべて2」では暴露本ブームの闇の部分も明かされている。

「これだけの本と数々の大きなイベント（注・『光GENJIへ』シリーズ発刊と新・光GENJIのライブや出版等のプロモーション）をこなしてきたにも関わらず、主催のデータハウスは突然、全てを辞めてしまった（略）

ある程度はいい所まで行っての途上の時期に、突然の解雇通知をされた。つまりデータハウス側はもう終わりにしよう、こんなことをやっていてもしょうがないと言う（略）

まず考えられるのは、ジャニーズ事務所がデータハウスに『取引』を求めて来たということだろう」

（「ジャニーズのすべて2」）

暴露本ブーム自体に、このような暗い噂はつきまとったのだ。

では鹿砦社において暴露本発行の意味はどうだったのか。

月刊誌「創」1997年4月号に鹿砦社社長・松岡利康の談話が載っている。そこに書かれているのは「ジャニーズ本」と呼ばれる本を出すことの営業的な旨味だ。

「ジャニーズ本はトータルで実売150万部くらい売れました。一番売れたもので実売10万部以上、売れないものでも1万5千部くらいは出ていますから。96年9月2日に発売して話題になった『ジャニーズおっかけマップ』は実売9万部です」

（「出版差し止め、鹿砦社の『闘いはこれから』」）

90年代、まだ紙の出版物に活気があった時代の数字とはいえ、これだけ売れるのならば、類書の企画を次々と立ち上げて矢継ぎ早に刊行しようという経営者の意気は容易に理解できる。

しかし鹿砦社はジャニーズ事務所から手痛い報復を食らうことになる。

1995年発行の「SMAP大研究」が著作権侵害で、同「ジャニーズおっかけマップ」がタレントの実家の住所や電話番号、写真を無断で掲載したプライバシー侵害でジャニーズ事務所から出版差し止め請求が出され裁判に発展する。ただし仮処分申請されたのは書籍の発売後だったため法廷闘争が週刊誌で騒がれ宣伝になり、さらに2万部も部数が伸びたという（「創」同前）。

司法による抑止力の不足を危惧したジャニーズ事務所は96年に同社がさらに詳細な情

報を掲載した「ジャニーズ・ゴールド・マップ」の出版を予定していると知るや、発売前に出版差し止め訴訟を起こして店頭に並ぶことを阻止した。

鹿砦社の松岡社長は「芸能人にプライバシーはない」という持論を主張し裁判を戦うが、一審判決は「公益を目的とするものではなく『おっかけ』を助長することで営利を図る内容。その場合、表現・出版の自由よりもタレントらの人格的利益の保護が優先される」と出版差し止めを決定、二審以降もそれが支持された。

鹿砦社はジャニーズ事務所のほかに宝塚歌劇団についても同様の「おっかけマップ」を出版、こちらも出版差し止め命令が出て悪名を轟かせた。

松岡社長は前出「創」誌の記事で「『差し止めが決定しても、それでおわりじゃない。あとが恐いよ』というのを見せていかなくては」と語り、その後も禁止事項を巧みにすり抜けた形で「おっかけマップ」シリーズを出し続ける。97年に発売した「ジャニーズおっかけマップ・スペシャル」も当然、裁判となり差し止め決定、その判決文には「将来の同種出版物の出版、販売も禁止」という異例の文章まで添えられた。この決定は、編集も終わっていない書籍を実物の提出がないまま出版差し止め命令するものだ。それは表現の自由を完全に逸脱しているのではないかという、司法判断に対する重大な疑問を残した。

その一方で、鹿砦社との法廷闘争で勝利を続けたジャニーズ事務所は「司法は自分たちの味方をしてくれる」という意識を持ったのではないだろうか。

すでにＳＭＡＰがデビューし、忍者、ＴＯＫＩＯ、ＫｉｎＫｉ Ｋｉｄｓ、Ｖ６など絶大な人気のグループが出揃い黄金期に入りつつあったジャニーズ事務所は、その権力、政治力や司法での有利な立場を駆使してメディアにさらに様々な圧力をかけ権力を行使するようになる。１９９９年より始まる週刊文春の報道に対する名誉毀損訴訟も、こうした背景のもとに行われたと思われる。

とすれば、暴露本ブームはジャニーズ事務所の権力をさらに強化させる結果を生み出したともいえる。

そしてその権力と暴政はメディアだけでなくタレントにも及んでゆく。

第六章
SMAPと不祥事の連鎖

1988年、ジャニーズ事務所から新しいグループがお披露目された。スケートボーイズと名付けられた12人の大所帯グループで、その名前は光GENJIのステージで、スケートボードを使ってダンスすることに由来する。光GENJIがローラースケートをはいて踊り、スケートボーイズはスケボーという安直な発想ではあるが、やがてアイドル雑誌のグラビアに毎月登場するようになると、彼らには「S（スポーツ）M（ミュージック）A（アセンブル）P（ピープル）時代のスケートボーイズ」とコピーがつけられ、さらに12人の中から木村拓哉、中居正広、稲垣吾郎、草彅剛、森且行、香取慎吾の6人が選抜されてSMAPが結成された。彼らの平均年齢は14歳だった。

SMAP結成後から彼らはテレビのバラエティ、ドラマなどに出演して注目され、CDデビュー前の1991年1月1日、史上最年少で武道館コンサートを開催し3万人の観客を集めた。同年9月にCDデビューを果たすが、当時はテレビの歌謡番組「ザ・

ベストテン」（TBS）、「夜のヒットスタジオ」（フジ）などが次々終了し、新曲の披露の場がないアイドル氷河期時代だったため、SMAPはバラエティやドラマに積極的に出演しなければならなかった。

「デビュー曲がジャニーズ史上最低の枚数しか売れなかったSMAPは当初、リストラ候補だったという。

『メリーは当初デスクだった飯島（注・三智、マネージャー）女史に「この子たちダメでしょうけど、やってみれば」と押しつけた。さらにジュリーが渋谷の合宿所からSMAPを追い出したことがあって、その時も飯島女史が自分のアパートに呼び寄せ、彼らの面倒をみた』（ジャニーズをよく知る芸能関係者）」

（「週刊文春」2007年8月16日号

「『テレビの支配者』ジャニーズ帝国大研究（上）」中村竜太郎）

このようにSMAPはジャニーズ事務所の中では異分子としてスタートしなければならなかった。

ただしSMAPのデビュー曲は「売れない」といっても15万枚を売上げヒットチャー

トは2位だったし、以下のような分析もある。

「（1位にならなかった）最大の理由は、ＣＨＡＧＥ＆ＡＳＫＡの《SAY YES》が七月二十四日にリリースされていたからだった。たちまち大ヒットし、十三週連続チャート一位、八・九・十月の月間一位、年間二位、累計三〇〇万枚突破となる。つまり、ＳＭＡＰのデビューシングルがリリースされた時は、《SAY YES》が一位で、これを抜くことができなかったのである」

（中川右介「ＳＭＡＰと平成」２０１６年　朝日新書）

ところが歌番組の衰退やヒットチャート1位をとれない歌手として好ましくない状況は、彼らにとってむしろ有利に働いた。ＳＭＡＰは歌番組を掛け持ちする過密スケジュールに縛られることもなかったし、アイドルでありながらコントまで演じられる芸域の広いオールラウンドな才能はむしろ好感された。やがて彼らはそれまでのジャニーズタレントのファン層と違う人々にも慕われるようになる。

「電通キャスティング部の竹中邦祐部長は、ＳＭＡＰ人気をこう分析する。

『従来のジャニーズ系タレントは、若い年齢層だけに支持されるいわゆるアイドルでしたが、ＳＭＡＰはジャニーズ事務所がデビュー後初期の段階から歌からバラエティまで幅広く活動させた初めてのケース。それが成功して、ファン層が、若年層から中年層までに広がりを見せた。また、人気グループでも個人単位で評価されると、その威力が低下するものだが、ＳＭＡＰの場合は、評価された個人が集まってグループとして構成されているため、どのような形でも料理できる。そう考えると、商品価値は計り知れない』」

以上が掲載されたのは、１９９５年の「週刊ポスト」誌（95年11月3日号）で、記事のタイトルは「『ＳＭＡＰ』知らなきゃＯＬと付き合えない」（笑）である。このタイトルだけでいかにＳＭＡＰの認知度が少女の領域から拡大してきたかが分かるだろう。ＳＭＡＰの先輩格になる光ＧＥＮＪＩの時代には、ジャニーズ事務所のタレントはスキャンダル以外の話題が中高年男性に及ぶことはなかったし、ＯＬ世代の支持も少なかった。だが、ＳＭＡＰを支持する女性の年齢層は30代までに及んだ。その理由をフリーライターの島村麻里は次のように分析した。

「テレビで自分の私生活も平気で話して、普通の少年ぽいですね。六人六様で、自分のお気に入りを見つけやすい。昔の美少年アイドルのように淫靡《いんび》さがないから、話題にしても、おたくにみられずに無難な点がファン層を広げているのではないか」

（「朝日新聞夕刊」1995年5月1日号）

メンバー6人の中、ことにセンターポジションの木村拓哉の人気は高く、1993年に単独で出演したトレンディドラマ「あすなろ白書」（フジテレビ　脚本・北川悦吏子）は平均27％という高視聴率をとり、木村は20代半ば以降、OL世代の女性も虜にした。男性アイドル雑誌「JUNON」（主婦と生活社）では事務所への媚びも混じっているのだろうが、以下のようにベタ褒めしている。

「SMAPでデビューをした当時は、歌って踊れて、顔がいい、テレビや雑誌にはえるピンナップ的なアイドルなのかと思っていた。けれども、露出が増えていくごとに、彼は、アイドルという言葉でくくりきれない多面性を見せるようになる」「(『あすなろ白書』で）人気だけが先行せずに、ちゃんと演技のできる役者なのだということを、有無をいわさずまわりに認めさせた」「（バラエティでの）三枚目の顔も、さわやかな笑顔も、トーク番組に出演するや一転してぶっきらぼうになる。決して愛想笑いをしない」「その内容には血が通っているから、見ていて生意気だという印象はまったく受けない」

（「JUNON」1994年7月号）

前出「週刊ポスト」による1995年のSMAPの記録した数字のデータは以下のようになる。

「これまでに発売されたシングルCDは19枚。そのうち6枚がチャートNo.1に輝き、トップ10に入らなかったものは一枚もない。いま売れている『どんないいこと』はすでに45万枚を突破。CMでは（略）しめて17本がオンエア中。バラエティ番組、ドラマはいうに及ばず、この10月からはメンバーの中居が『サンデージャングル』（テレビ朝日）でキャスターを務めているのである（略）アイドル誌だけでなく一般週刊誌（かくいう本誌も含めて）までが特集記事を掲載する（略）これは社会現象化しているといってもいい」

SMAPの登場は、ジャニーズ事務所のタレントのイメージを塗り替えるものだった。

そしてＳＭＡＰはジャニーズ事務所に巨額の利益をもたらした。

１９９３年に10億円余だった同社の所得（子会社も連結）は96年に70億円に急増し、２００１年には10倍以上に膨れ上がり１２０億円を超えている。

前出の「週刊文春」の記事は書いている。


「ジャニーズの申告所得の急増は、九三年にキムタクがブレイクし、ＳＭＡＰが国民的スターへと成長していった歴史とぴたりと重なる。現在のジャニーズ事務所がジャニー氏の才覚とＳＭＡＰ抜きではありえなかったことは、今さら言うまでもないだろう」


ただし、もう一つの要素もある。

前章で示しているように、ＳＭＡＰがその前身のスケートボーイズとして登場したのは、北公次が「光ＧＥＮＪＩへ」で性被害を告白したその年だった。彼らは所属事務所の暗部が暴露された年にマスコミにお披露目されたのだ。

ＳＭＡＰがブレイクする95年には鹿砦社が「ＳＭＡＰ大研究」や「ジャニーズおっかけマップ」を出し裁判沙汰になっている。ベストセラーになったそれらの本を、

ＳＭＡＰや他のジャニーズ・タレントのファンが読んでいないはずはない。当然、マスコミもそれらの情報に接していないわけがない。つまりファンもマスコミもジャニーズ事務所の暗部を知りながらＳＭＡＰを称賛し、声援を送っていたのだ。

芸能界の暗部はタレントへの嫌悪感よりも、むしろ興味を深化させる触媒になっている可能性がある。１９９０年代、ＳＭＡＰとそれに続くグループ、ＴＯＫＩＯ、ＫｉｎＫｉ Ｋｉｄｓ、Ｖ６、嵐などが続々と登場、ジャニーズ事務所の芸能界での勢力を圧倒的なまでに強め、所得を10倍以上に増やした。

ジャニーズ事務所は芸能プロダクションの中で破格の高収益を上げ、業界のガリバーとなった。しかしその経営体制はあいかわらずメリーとジャニーの喜多川姉弟による二頭体制だった。

「ジャニーズ事務所は同族のワンマン経営で、非上場のうえ、社内情報は一切公表しない方針。社員は本体で五十人ほどだといいますが、経営の透明性が確保されていないため、社会的影響力が大きいわりには、実態がわからない企業なのです」

（「週刊文春」同前）

巨額の利益をあげながら高齢の姉弟がとりしきるワンマン経営は様々な歪みをもたらす。ことに喜多川姉弟が関与せず、一族外の社員マネージャー飯島三智が担当する事務所内の異端児SMAPへの風当たりはきつかった。人気絶頂の中で、彼らには次々とスキャンダルが持ち上がる。

写真週刊誌「FOCUS」1995年12月27日号は木村拓哉の当時の恋人として有名だった「カオリン」の写真を掲載。それと9月発売号で掲載した別の女性との朝帰り写真を並べ、二人の女性の間で揺れる木村のジャニーズ事務所社内での立場のまずさを報じた。

週刊誌等で「カオリン」という恋人がいると公言した木村は当時20代になったばかり、アイドルとしてまだまだやっていける年齢で、恋人の存在を自ら口にするのは異例だった。

「SMAPのメンバーには従来通り、事務所からは女性関係について苦言や忠告がされたそうですが、彼らの方が一切無視。事務所ではあきれて今では何もいわず、放し飼い状態です。スーパースターなのに、フツーの若者として彼女とつきあっているという感覚も、彼らの魅力になっているようです」（「週刊ポスト」同前）

こうした擁護論がある一方で、芸能関係者には厳しい見方もあった。

「言うことを聞かないタレントは容赦なくホサれてしまうんです。光GENJIだって、まだ売れてたのに解散させられて、ぜんぜん仕事を回してもらえてない（略）あのモックン（注・本木雅弘）も独立して1年は仕事にならなかった」

（「FOCUS」同前）

その警告はすぐに現実のものとなる。

同じ年、SMAPのメンバー森且行がアイドル・山瀬まみの通い同棲や森の母を交えた会食の現場を「FOCUS」に撮影される。当時は木村拓哉に次ぐナンバー2の人気といわれた森だったが、事務所は彼を守らなかった。

「森と事務所の関係が悪化したのは、森と山瀬まみの『通い同棲』についての昨年6月の本誌の記事がきっかけだった。この記事のなかで、『（光GENJIの大沢くんは）ホサれてるんだ』等の森の〝ジャニーズ内輪話〟が、問題になったのである。

『これにメリーさんが、激怒した。〝先輩の陰口を叩くとは何事か〟と森を呼びつけて怒鳴ったんです。それ以降は、グループの中でも、彼一人だけ、仕事が減って、生殺しのような状態になってしまった』(芸能関係者)

確かに、木村拓哉を筆頭に、他の5人のメンバーがドラマに舞台にと大活躍なのに、森だけが、単独の仕事が殆ど無し。何とか特色を出したかったのか、父親の影響でオートレースファンだった彼はオートの試験を事務所に内緒で受けて見事合格。が、完全にこれが裏目に出てしまう。

『森は、引退する気なんかなかった。マッチのように、レースと芸能活動を両立させようと考えていたんです。で、〝違約金を払ってもいいから、レーサーの養成機関の10ヶ月は休業したい〟と事務所に申し出た。ところが事務所の答えは〝それならお辞めなさい〟だったんです』(森の友人の話)」

(「FOCUS」1996年5月22日号)

96年4月、のちに国民的番組とまで称賛される冠バラエティ番組「SMAP×SMAP」(フジテレビ)が放送開始、その人気爆発の直前で、森且行はSMAPからの離脱を余儀なくされた。

96年5月に行った引退会見で森は「オートレーサーは幼い頃からの夢。やるからには一番を目指したい」と前向きに語った。しかし森の引退についてジャニーズ事務所はイベントやラストコンサートを開催せず、マスコミに「これからは森個人で活動するので、過去のSMAPの映像は使わないでほしい」と映像記録の消去まで要請した。その非情な対応も一部週刊誌で報じられたのみで叩くマスコミはなく、森は静かに芸能界を去った。

森且行はその後、公営ギャンブル競技の川口オート（埼玉県川口市）に所属しレーサーとして活躍、2000年には最上クラスのS級に昇格した。08年には年末のグランプリ、スーパースター王座決定戦に出場、20年にはトップレーサーが競うSGレースで優勝するなど栄誉を手にした。しかし翌年1月にレース中の落車事故で大怪我、長期休養を余儀なくされB級まで陥落する。再起不能か、とも言われたが、23年4月にレース復帰し、着々と上位昇格を狙っている。レース場では今もアイドル並みの声援が沸き起こる人気選手だ。

こうしたジャニーズ事務所のタレントに対する制裁ともいうべき冷酷な仕打ちは森が初ではない。

1994年にはジャニーズ事務所復活の立役者だった田原俊彦が独立すると歌番組か

ら完全に干し、トップアイドルのステータスを叩き潰した。独立を発表する記者会見で不機嫌に「マスコミ嫌いの田原のために集まってくれてありがとう」「僕ぐらいビッグになると…」などの悪態を言い放った田原の高飛車な態度にも問題はあったが、その後の田原に対する全マスコミの冷淡な扱いは、田原俊彦を干そうと意図するジャニーズ事務所への忖度以外の何物でもなかった。

同じ年、光GENJIの中心メンバーだった大沢樹生が脱退、事務所も退所した。俳優に転じることが目的といわれるが、マスコミは徹底的に無視をした。

さらに翌1995年、光GENJIのセンターだった諸星和己が独立。大沢樹生らが脱退後、5人のメンバーで活動を続けるが事務所から解散を命じられ、独立を選んだ。当初はジャニーズ事務所と敵対関係にあったバーニング系の事務所に入るが、やはり彼も引退後にメディアに無視され続け、ジャニーズ時代の輝きは完全に失われた。

ちなみに後の報道で分かったのは、独立直前に諸星がジャニーズ事務所から貰っていた月給が「額面18万円」だったことだ（「週刊文春」1997年4月3日号）。

SMAP以前のジャニーズ事務所のアイドルたちはほぼ純粋に少女ファンに支えられ、彼女たちが大人になり、少女向けのテレビや雑誌から離れていくにしたがい、レコード売上げやコンサートの動員数も落ちていく運命だ。だからいつかアイドル活動に見切りをつける必要はあったとはいえ、一時は数十万枚のレコード・CDを連続して売った歌手である。独立後もそれなりの数のファンに支持され続けるはずだ。事実、田原や諸星は退所後も追っかけを続ける女性ファンを取り込み、会員制ライブや海外旅行ツアーなどを企画して高収入を得ているという報道もある。

だが、いったんジャニーズ事務所を退所すると、マスコミは彼らをまったく扱わなくなる。その原因はジャニーズ事務所の指図以外には考えにくい。退所した者たちが再びマスコミに登場するのは、スキャンダルか「あの人は今」的な小さな枠しかない。

輝ける先輩たちのわびしい退所はSMAPのメンバーの活動にも影響を与える。その最たるものが1996年、木村拓哉の身に降り掛かった独立騒動だ。

96年8月、またしても「FOCUS」誌だが「誰も知らなかった『木村拓哉』独立騒動」のタイトルでスクープ記事を掲載した。それは木村がジャニーズ事務所との契約更新を、間に弁護士を入れて保留したという内容だ。

「同時に、やはり人を介して、実績ある某芸能プロに自分の『移籍』を打診した。つまり、キムタクは『ジャニーズ事務所を辞めて独立しよう』と決心していたのだ（略）ここで問題となるのは、メリー喜多川副社長が君臨するジャニーズ事務所が、今の芸能界に及ぼしている巨大な力だ。近くはモックンがそうだったように、同事務所から独立したタレントは、1~2年、完膚なきまでにホサれる。TV局もレコード会社も、メリー喜多川副社長の逆鱗にふれることが怖いのだ（略）

そこで、キムタクから移籍の打診をうけた某芸能プロは、次の2点について彼の意思確認を計った。

『2年間は食えなくなる。その覚悟はあるのか？』『自分が本当にやりたいことについて勉強を続けていく強い意思はあるのか？』」

（「FOCUS」1996年9月4日号）

結局、水面下の動きがジャニーズ事務所側に漏れ、木村の相談を受けたプロダクションがジャニーズ事務所の業界内の強権や報復を考慮して及び腰となり、ジャニーズ事務所も「業界のドンといわれる人物に『話をツブしてほしい』と依頼、直後、話は一切なかったことに」なったのだという。

それにしても「2年間は食えなくなる。その覚悟はあるのか？」という言葉は重い。当時のジャニーズ事務所、メリー喜多川がいかに権力を握っていたかを象徴する言葉だ。

ただし、その後の報道では、木村の父親の強硬な交渉によって、SMAPのメンバーの一律二十数万円だった月給が、木村拓哉に関しては10倍（２００万円）程度に跳ね上がり、ＣＭの仕事が入るごとに歩合給もつく成果を得たという。さらにはボーナス代わりにジャニーズ事務所がノータッチの写真集を木村の父親の会社が製作、数千万円の印税を手にしたとも報じられ、事務所側も「アメとムチ」を心得ているのが分かる。ただタレントが交渉しなければ安月給が上がらないこれまで何度も見てきた図式は、会社がどれだけ大きくなろうとも変わらずで、ジャニーズ事務所がコンプライアンスなど省みないワンマン経営の個人商店であることを象徴している。

木村拓哉の独立騒動を報じる記事は、当時、ジャニーズ事務所が手にしていた売上げの大きさも記述している。

「キムタクのＣＭ契約料は１本およそ６０００万円。96年の出演ＣＭはトヨタ自動車、カネボウなど5社で、３億。ドラマ出演料などあわせると彼一人で年5億は稼ぐでしょうから、このギャラでも安すぎますね（大手広告代理店）」

（「週刊現代」１９９７年2月15日号）

「現在擁するタレントは、ＳＭＡＰを筆頭に、近藤真彦、少年隊、ＴＯＫＩＯ、

KinKi Kids、V6などキラ星の如くで、まさに天下無敵。テレビは彼らの寡占状態で、番組プロデューサーの最も重要な仕事はジャニーズ・タレントのスケジュールを押さえることと揶揄されるほどだ。CM出演も大手クライアントばかり約四十本。快進撃は続き、法人所得はついに吉本興業を抜いて、名実共にナンバーワン芸能プロダクションに躍り出た（略）三十億円に達するといわれる売り上げの大半を、ドル箱のSMAPが稼ぎ出している」（「週刊文春」1997年4月3日号）

1997年、ジャニーズ事務所の関連会社と連結した申告所得は約70億円に急成長した。その潤沢な収益は不動産投資に使われ、97年以降、彼らは都内一等地に本社ビルほか次々と土地やビルを購入する。

これだけ巨額の所得を誇るプロダクションが、前出のように「TV局もレコード会社も、メリー喜多川副社長の逆鱗にふれることが怖いのだ」といわれる激情型で恫喝癖のあるメリー喜多川、美少年趣味の同性愛者ジャニー喜多川、ふたりの前近代的経営者の二頭体制で動いていたのだ。

多数の人気タレントを抱える巨大企業ジャニーズ事務所がワンマン経営であることは、タレント管理に歪みをもたらした。タレントたちは、次々と押し寄せるテレビ番組の仕事のストレスや、メリー喜多川の不興を買えば干される恐怖に押しつぶされそうになりながら、日々を流されていくしかなかった。その結果が、タレントの乱倫という形で現れるのは必然だった。社勢が拡大するとともに、ジャニーズ事務所は内部から腐り始めていた。

１９９７年11月、ＳＭＡＰメンバーの中居正広がノーパンしゃぶしゃぶ嬢の自宅から朝帰りする姿が撮影され「ＦＲＩＤＡＹ」誌にスクープされた。

「前日仕事を終えて、彼が自分の家を出てこのアパートへ向かったのはもう夜中の1時になろうかという時間だった。そうまでして会いたかった女性とはいったい誰なのか（略）

『大蔵省の役人が接待されたり、プロ野球選手が来るって話で有名なお店なんですけどね。下半身、というより、アソコ丸出しのギャルがお相手する「ノーパンしゃぶしゃぶ」を売りにした店がありまして。実は、ここに「ＳＭＡＰ」の中居正広クンの♡♡のお相手が勤めてるっていうんです。これまでカノジョ発覚なんて話も聞かなかったし、信じられないでしょうけど……』」

（「ＦＲＩＤＡＹ」１９９９年11月21日号）

この時、中居はNHKの大晦日恒例「紅白歌合戦」司会に内定しており、NHKの手前もあってその後釈明会見を開いた。そこで中居は「女性の家では複数の人間が集まってパーティをしていただけ」と主張。会見を受けNHKも紅白司会から中居を下ろさなかった。

その翌週に同じ「FRIDAY」が香取慎吾と同棲相手の女性の食事・買い物の現場をパパラッチしてる。

中居正広はその後98年3月にスキャンダル後の謹慎明け早々、東京・中野のランジェリーパブ（女性が下着姿で接客する飲食店）に出川哲朗と一緒に現れたところを目撃され、記事にされている（「週刊大衆」1998年3月23日号）。また2000年11月には「噂の眞相」（12月号）が中居がファンの女性を妊娠させ、マネージャーも介入させて中絶手術を受けさせていたと報道した。

こうした女性との性的スキャンダルはSMAPメンバーだけで終わらなかった。

1999年にはSMAPやV6のバックで踊るジャニーズJr.の未成年メンバー4人（16歳3名と15歳1名）が前年の11月、新宿の高級ホテルのカラオケルームで複数の女性たちと飲酒・喫煙し、騒いでいるのを「FRIDAY」がすっぱ抜いた（1月29日号）。同誌はその様子を見出しで「乱痴気パーティ」と表現し、こんなコメントも載せている。

「当日最後まで参加していた女子短大生（20）が生々しく告白してくれた。『カラオケの後、女10人、男10人くらいで、同じホテルのスイートルームに移動したんです。Jr.は4人とも来てました。そこからはもう、ほとんど乱交パーティ状態でしたね』」

この出来事ではジャニーズJr.の4人が未成年だったことからジャニーズ事務所幹部が警察の事情聴取を受ける事態をまねき、4人はその後解雇される。のちの報道でパーティは不動産業者が主催、Jr.の4人は在京民放テレビ局の元スタイリスト助手に呼ばれて参加したものだったと判明。ただ、警察が介入する社会的事件だったにもかかわらず、この事件を報道する週刊誌は少なく、「週刊新潮」や「サンデー毎日」など数誌が小さく報道しただけだった。

しかしその後もジャニーズ事務所のタレントの乱行報道は止まず、同年7月には「噂の眞相」（8月号）が民放キー局社員だったと報道した。

さらに8月には「週刊現代」がジャニーズ・タレントが別の民放局のチーフディレクターや自分のマネージャーと乱交パーティしていたことを報じた。この記事の情報源は、パーティに参加してセックスを強要されたという女性だった。

なおもジャニーズ・タレントの乱倫報道は続いた。1999年12月には「噂の眞相」（2000年1月号）が全日空ホテルで行われた同社所属タレント4名が参加、ホテトル嬢を呼び出した乱交パーティを報道する。

ジャニーズ・タレントの「乱交パーティ」報道は、常にテレビ局社員の参加や勧誘とセットだった。だが、報道メディアがコメントを求めると、ほとんどのテレビ局広報は「事実が確認できない」と言葉を濁した。

「噂の眞相」99年9月号では、こうしたジャニーズタレントの乱倫報道ラッシュの背景を匿名の週刊誌芸能担当記者が以下のように分析している。

「『噂の真相』が出てからというもの、各マスコミに『私も乱交パーティに参加して芸能人の相手をした』という女性のタレコミが相次いでいるんです。その数は各社合わせると10人近くにのぼっており、しかもその告白はいずれも『噂の真相』の記事の信憑性を裏付けるものばかり（略）これまで報復が怖くて告白できなかった女のコたちが『噂の真相』の報道をキッカケに一気に喋り始めたんでしょう」

すなわち、こうした乱交パーティ報道は、参加した女性たちの「#ＭｅＴｏｏ」から引き起こされていたといえそうだ。

中居正広がノーパンしゃぶしゃぶ嬢の部屋通いを報道された時、コメントを求めた「噂の眞相」（１９９8年1月号）がこのように書いている。

「この女性は中居との交際について、こうも話している。『本当にそれだけは勘弁してください。ジャニーズも怖いし、もうこれ以上騒がれたくないんです』

何と、ジャニーズ事務所から圧力がかかったことまで匂わせているのだ。それもこうしたプレッシャーのため、中居の会見後2度も自殺を図ったことまで告白しているのである」

単独の女性がスキャンダルの矢面に立たされた場合、プロダクションの介入、圧力は恐怖以外の何物でもない。しかし一人が勇気を持って告発を始めたことで、隠蔽されていたジャニーズ事務所タレントの乱行、醜行が次々と暴かれていった。２０１7年、アメリカで「#ＭｅＴｏｏ」の呼びかけが始まる20年も前に、このような性加害の告発が行われていたこと、そしてそれらが事実確認できないという言い訳のもとに報道も告発もされなかったことをマスメディアは重く受けとめるべきだ。

しかも、この時に加害者側だったのは、現在、ジャニーズ事務所内部では被害者側にいるタレントたちであり、問題はかなり複雑だ。

だが、ジャニーズ事務所がもっとも権力をふるっていたこの時期、多くのメディアは沈黙し、これらタレントらの性加害を報道することはなかった。

その理由は何だったのだろう。

これだけ報道があふれる中で、メリー喜多川の強権と恫喝だけでメディア業界の有象無象がジャニーズ事務所に追従するとは考えにくい。

たとえば1971年にはこんなトラブルがあった。

この年に日本テレビは視聴者参加型の歌手オーディション番組「スター誕生！」を開始、自ら新人歌手の発掘育成をはじめる。同番組からはすぐに森昌子、桜田淳子、山口百恵など人気アイドルが誕生し、番組はアイドルの登竜門となった。これを既存のプロダクションへの挑戦と感じた業界の老舗、渡辺プロダクション（ナベプロ）は1973年、自らもオーディション番組を製作（「スター・オン・ステージ　あなたならOK！」NET系）、裏番組だった日テレの「紅白歌のベストテン」へ自社所属の歌手を出演させない妨害行為を始める。日テレのプロデューサー井原高忠は、ナベプロ社長・渡辺晋に頭を下げるが受け入れられなかったことで激怒、「もうおたくの歌手はいらない」と絶縁宣言する。ここに日テレとナベプロの戦争が始まり、１９７９年まで両者は和解しなかった。だが、日テレには「スター誕生！」が育てたフレッシュな歌手と、彼らを受け入れた新興プロダクション、ホリプロやサンミュージックがついており、番組制作への悪影響はまったくなかったのだ。

このようにテレビという巨大メディアはいちプロダクションに籠絡《ろうらく》されるほど小さな組織ではない。だが日本のメディアの多くは、ジャニーズ事務所の横暴に易々と隷従した。そこには強権だけでなく、メディア企業の上層部に貢がれる金品の力もあったのではないか。

たとえば１９９９年夏にはこんな報道がされている。

「『実はジャニーズ事務所は、ジャニーズJr.から選抜した新グループを（９月）17日に華々しくデビューさせる。その取材と称して今週、スポーツ紙デスクや週刊誌の編集長クラス多数を、アゴアシ付きでハワイに招待しているんです』

しかも、従来エコノミーだった飛行機の座席も今回はビジネスクラスを用意したというから、新グループに寄せる事務所の期待は並々ならぬものがある」

（「週刊新潮」１９９９年９月23日号）

この新グループとは嵐のことで、その年の９月15日、ハワイ・ホノルルのクルーズ船でデビュー記者会見を行っている。そこで何が行われたかを想像してみるといい。

また前章でも書いたとおり、ジャニーズ事務所はつきあいのある大手出版社に毎年、タレントのカレンダーの製作販売を割り振っている。「週刊文春」２０１８年10月25日号は「カレンダーでわかるかニーズ『忖度メディア』」と題し、01年から18年まで、タレント別にどの出版社が発売したかを報じている。記事に書かれているその売上額はすさまじいものだ。

「『今年度（注・２０１８年）最も売れたカレンダーは小学館が発行したＨｅｙ！Ｓａｙ！ＪＵＭＰの十万部以上。定価は二千四百円でした。予約の段階で九割以上が捌け、三億円近くを売り上げたといいます』（芸能評論家・三杉武氏）

次点はＫｉｓ‐Ｍｙ‐Ｆｔ２の推定六万部、ジャニーズＷＥＳＴも五万部超とされる」

10万部で3億円の売り上げならば、6万部で1億8千万円、5万部で1億5千万円。カレンダーは表紙をつけて12ヶ月ぶん、たかだか13枚程度刷ればいいだけの印刷物だ。原価が安く買い取りなので返品もない。途方もない利益が制作を受けた出版社に入ってくる。これは出版社に与えられた利権であり、同じような利益供与はテレビ局、レコード会社などに様々あることだろう。出版社ですら億単位を与えられているのだから、テレビ局などはどれだけの利益供与があるのか分からない。ジャニーズタレントの乱倫パーティに参加したテレビ局社員を局側が調査・処分できないのも、そうした背景があると考えれば納得がゆく。

ちなみに同誌が掲載している2001年のジャニーズ事務所タレント別カレンダーは、V6が婦人画報社、堂本光一が小学館、堂本剛が角川書店、嵐がワニブックス、翌02年にはV6カレンダーを講談社が発行しているが、その年以降「FRIDAY」「週刊現代」など同社の雑誌でジャニーズタレントのスキャンダル報道は減っていった。

1999年、タレントの乱倫報道の渦中、ジャニーズ事務所は同社の批判記事を連載した「週刊文春」を名誉毀損で訴えた。訴訟の手前もあり、ジャニーズ事務所はタレントに自粛を指示したはずだ。だが、事件はまだ続いた。

2001年にはSMAPのメンバー、稲垣吾郎が東京・渋谷で駐車違反を起こし、反則切符を切ろうとした婦人警官を突き飛ばして逃走、道路交通法違反と公務執行妨害で現行犯逮捕される事件が起きる。のちにテレビのニュースが口を揃え「容疑者」ではなく「稲垣メンバー」と放送したことで有名になる事件だ。

その中で稲垣が駐車違反程度で逃亡を企てた理由は、婦人警官の接近が薬物の使用・所持の逮捕と勘違いしたのではとの報道もあった（「週刊文春」2001年9月6日号）。

さらに2009年4月には草彅剛が東京・赤坂の公園で泥酔状態で全裸で騒いでいるところを逮捕される。飲食店をはしご酒し、6時間飲酒したことが原因と報道されたが、逮捕後、草彅は警察で薬物反応の検査を受けたうえ、家宅捜索までされている。ここにも薬物使用の噂がつきまとった。

これら事件には常に、隠された裏事情が感じられたが、根本にあるのはジャニーズ事務所のタレント管理能力の欠落だった。こんなふうに分析している週刊誌記事がある。

「事務所を築き上げたオーナーのメリー喜多川、ジャニー喜多川姉弟も、もう70歳前後の高齢です。そこでメリーさんの一人娘、藤島ジュリー景子さん（32）が後継者として徐々に仕事を仕切るようになったんです。ところがジャニーさん、メリーさん2人のカリスマ性で統率してきた間は緊張感もあったが、2人の存在感が弱まった分だけ緩みが出たのではないか」

（「週刊新潮」1999年2月11日号）

これもまた、二頭体制で続けられたワンマン経営の弊害である。しかし弊害というには、あまりにも罪深い。そしてジャニー、メリーの二人が他界し、完全にジュリー景子体制になったことで、現在のようなジャニーズ事務所崩壊の事態を迎えたのは、すでにこの時代に予言されていた必然だったのだろう。

第七章

「週刊文春」裁判のすべて

「喜多川が少年らに対しセクハラ行為をしたとの各証言はこれを信用することができ、喜多川が少年達が逆らえばステージの立ち位置が悪くなったり、デビューできなくなるという抗拒不能な状態にあるのに乗じ、セクハラ行為をしているとの本件記事は、その重要な部分について真実であるとの証明があった」

２００３年７月15日、東京高裁で申し渡された判決文の抜粋である（「週刊文春」２００３年７月31日号）。

ジャニーズ事務所と代表・ジャニー喜多川が「週刊文春」の版元、株式会社文藝春秋を名誉毀損で訴え、損害賠償総額１億７千万円を請求した裁判二審でこの判決が出た。

翌２００４年２月25日、最高裁が原告側上告を棄却し、二審判決が確定する。

これにより、ジャニー喜多川が行っていた少年たちへのセクハラ行為が事実だったと公に認められた。

ただし裁判所は訴因のひとつ、記事の「日常的に飲酒、喫煙させていた」の記述は事実とは認められないとして、その賠償、120万円の支払いを命じた。ジャニー喜多川のセクハラ行為の有無を争点とした文藝春秋側の事実上の勝利といえる判決だった。

一審判決ではセクハラ行為は認められなかった。判決文には「少年らの供述には高度の信用性はなく、わいせつ行為が真実との証明はない」とあり、賠償額も880万円が科せられた。それが二審では大幅に減額され、セクハラに関する記述も事実認定されたのだから、ほぼ文春側の逆転勝利といえる。

訴えられた「週刊文春」の記事は1999年10月28日号から開始する「業界のモンスター追及」とサブタイトルが打たれたシリーズだ。

その第1弾は「青山孝〈元フォーリーブス〉の告発　TVも新聞も報じない芸能界のモンスター『ジャニーズ事務所』の非道」と題されている。内容は覚醒剤取締法違反で逮捕された元フォーリーブスの仲間、江木俊夫の弁護側証人として出廷した青山が、江木に代わってジャニーズ事務所に謝罪の連絡をすると、メリー喜多川の代理人社員から「20年も前にやめた人とは関係ありません」と冷酷な対応を受けたことから始まる恨みつらみの告白だ。

江木俊夫はフォーリーブス解散後、俳優業を経て芸能プロダクション経営に転じ、一時はセクシータレントとして人気のあった武田久美子を抱えるなど、仕事は順調だった。

1999年5月、江木は飯倉で高級カラオケクラブのオーナーをしている女性（34歳）を六本木のスナックに誘い、元マネージャーと共謀して彼女のドリンクに薬物を混入。急に気分の悪くなった女性が病院に飛び込み、薬物が覚醒剤とわかり江木の逮捕となった。女性は銀座で働いていたこともある美人で、江木の目的は彼女をホテルに連れ込むことだったという。裁判後、江木は懲役2年6ヶ月、執行猶予5年を宣告された。

逮捕から4ヶ月後に行われた初公判で青山孝が証言台に立ち、ジャニーズ事務所批判をしたという記事は、まず「週刊文春」99年10月7日号に小さく載った。10月28日号の第1弾記事はその拡大版というべき内容で、青山孝に直接インタビューしジャニーズ事務所批判を語らせている。この号では連載の気配はなく、「レコード歌唱印税は一切受け取ってない」「メリー喜多川の自宅に金を借りにゆき、土下座までしたが『ヤクザはヤクザらしく死になさいよ』と言われただけ」「SMAPのチケットを融通してと頼んだが『無理』と断られた」「北公次の書いた暴露本『光GENJIへ』に関して余計なことを言わないよう口止めされた」などなど、あまりスクープ性のない泣き言を並べているだけだった。

が、翌週発行の11月4日号で突如『『芸能界のモンスター』追及第2弾　ジャニーズの少年たちが耐える『おぞましい』環境　元メンバーが告発」と派手に題して連載ふうの体裁へ変わったのだ。

前章にあるとおり、この年は「FRIDAY」の「乱痴気パーティ」報道を皮切りに「噂の眞相」「週刊現代」がテレビ局社員の関与した「乱交パーティ」を次々と報道しており、「週刊文春」もジャニーズ事務所の闇を探り、スクープをものにしたかったのではなかろうか。

その第2弾記事では「FRIDAY」の「乱痴気パーティ」当事者のジャニーズJr.に関する後日談を導入、裁判で賠償の対象となった合宿所での飲酒・喫煙の証言、早朝集合のテレビ収録のため学校に行けない劣悪労働環境、ジャニーズJr.のコンサート出演料が1回4千円、交通費も出ない低賃金などの告発が続く。そして後半ではジャニー喜多川のセクハラ告発がついに語られる。

「まずは一つの証言を取り上げたい。証言してくれたのは、現在は、高校に通う元ジュニアで、数回にわたり、ジャニー喜多川氏のセクハラ行為を受けたという。

『ジャニーさんは腹から声を出す感じで、ユーってよびかけてくるんだけど、「ユー、来なよ」と、合宿所に誘われて食事をとると、今度は、「ユー、寝ちゃいなよ」。この一言が恐ろしかった。

寝たら寝たで、部屋にいきなり入ってきて、俺一人で寝ているとその横に入り込んでくるんですよ。どこかにいって変なものを持ってきたなあ、と思ったら、ヌルヌルしたものを尻に塗られて、そこに最初は指を、それから性器を入れてきましたからね。いや、怖くて後ろは見られませんでしたけど。痛い、痛い、ものすごく痛いんですよ』『で、朝起きたら五万円が置いてあったんです』

（「週刊文春」１９９９年11月４日号）

この告白を予告編として、翌週の第3弾「ジャニーズの少年たちが『悪魔の館』合宿所で強いられる〝行為〟」（11月11日号）はもっとも生々しくジャニー喜多川の性加害行為が報道される。

元ジャニーズJr.で12歳のときにセクハラを受けたA君のほか、「ジャニーさんの手は毛深いんで、ちくちくするけれど、マッサージは筋肉がほぐれて本当にうまい。でも、パジャマを脱がすと、すぐに口です」と告白する元Jr.、中学生の時にジャニー喜多川に〝挿入〟されたという少年など、3人の克明な告白が掲載され、読者を陰鬱な気分にさせる。

最後の証言者が口にする「でも、逆らえないですよ。やっぱりデビューしたいじゃないですか。それで、しょうがないですね。しょうがないしか、なかったんです……」という嘆きがあまりにも切ない。

この第3弾がもっとも苛烈な内容となったのは、編集部がジャニーズ事務所からの法的措置を察知したからではないかと考えられる。

記事の終盤に、このような記述がある。

「小誌の再三の取材に対し、ジャニーズ事務所は、『すべてに関して、そういったことはありえません。法的手続きを依頼済みです』としか答えないが、十一月一日に小誌に代理人名による『通知書』が届いた。第二弾に対しても『警告書』を送るという」

訴訟を受けて立つか回避するかは編集長ではなく、会社幹部の判断を仰がなくてはならず、万が一の連載中止を考慮して、この第3回の段階で、ある程度情報を出し尽くそうとする意図が感じられる。

月刊誌「創」2023年11月号には「『週刊文春』vsジャニーズ事務所　長期攻防の舞台裏」と題し、追及キャンペーン時にデスクだった木俣正剛のインタビューが載っている。それによると訴訟までにこんなエピソードがある。

「木俣　やめてほしいと執拗にいろいろなルートを通じて言ってきました。連載が始まって第2回のあたりから抗議文も届いていました。社の上層部にも圧力がありました。先方は、何をしたらやめてくれるんだと言ってましたが、こっちはやめる理由がないので平行線でした」「そのうち、先方がとんでもない対応に出ました。ホテルで話し合いをしている最中に『ある人が会いたがっているので会っていただけますか？』と小杉氏が言うので、『どうぞ』と言うと、文春の社長と親しいという中年の男性が現れ、ある抗議団体の名刺を差し出しました。メディアへの激しい抗議でも知られていた団体なので、ある種の脅迫なのでしょうが、編集長の松井は脅迫されたと怒り心頭になりました。この一件によって話し合いは決裂し、法廷で戦うしか道は残されなくなりました」

引用中に登場する「小杉氏」とは当時、ジャニーズ事務所の顧問だった小杉理宇造《こすぎりゅうぞう》のことだ。小杉は山下達郎や竹内まりあの所属プロダクション、スマイルカンパニーの前社長である。木俣は小杉について同インタビューでこんなことも語っている。

「（小杉理宇造は）中森明菜と近藤真彦を別れさせた人ですね。結婚会見だと偽って中森明菜を連れ出して、記者会見に出たらお別れだったと。えげつないことをする人でもありました」

ジャニーズ事務所が株式会社文藝春秋や「週刊文春」編集人らを名誉毀損で訴えたのは11月26日だった。訴状は追及キャンペーン連載の第2弾までを対象にしたが、文藝春秋社はそれから足掛け4年にわたり、最高裁までジャニーズ事務所と法廷闘争を続けることになる。

第3弾以降の追及キャンペーン連載内容は以下のとおりだ。

第4弾　97年、大阪で4人のJr.が関与した集団万引き事件とその隠蔽
第5弾　元関西Jr.による低賃金や一方的解雇などの告発
第6弾　70年代にジャニーズ事務所に所属したＯＢの性被害の告発

第7弾　80年代の所属OBの性被害告発
第8弾　あるファンの告白、メンバーとの恋愛に干渉され、脅しを受けた体験ほか

実際のところ回を重ねるごとにネタが薄くなっている印象は拭えない。そして関西地区で起きたエピソードが登場するのは以下の事情があったと木俣正剛が証言している。

「当時のニュースソースは祇園の芸妓さんだったんです。彼女たちは今のキャバクラ嬢と一緒で、終わった後にホストクラブに行くんですね。そのホストクラブに山のように関ジャニJr.がいたんです。

そこから取材を始めて関ジャニJr.の少年たちに話を聞いていったのですが、彼ら自身も10代半ばというのに、煙草、酒は当たり前という不良少年の集まりみたいな感じで、苦労しました」
（「創」2023年11月号）

法廷闘争の準備が整ったのは99年12月半ばのようだ。「週刊文春」12月23日発売号では「噴飯告訴に答える　追及第9弾　ジャニー喜多川殿　ユー、法廷に立てますか？」という挑発的タイトルで訴状への反論、報道の社会的意義や正当性、裁判への意気込み

を訴えた。そして記事の末尾をこのように締めている。

「ジャニー喜多川氏よ、訴えた以上、法廷に証人として出るのは当然だ。その時、とことん真実を語っていただく。

ユー、法廷で会おう」

文春との裁判に当たり、ジャニーズ事務所は鹿砦社などが相手の訴訟とは別の弁護士を立て、東京地裁を舞台に一審裁判が始まるが、民事訴訟はほとんどが書面のやり取りのみで進行するために、毎公判ごとに法廷ドラマのような劇的な展開が起きたわけではない。しかし一審の最終局面ではドラマチックな展開があった。

２００１年７月26日、大阪地裁を舞台に、文春側証人の少年２名と原告のジャニー喜多川が法廷で相対し、性加害の有無について証言台で対決する。法廷が大阪になったのは、証人が関西在住の未成年者であり、プライバシー保護を厳重にするため東京を離れたのだ。公判は完全非公開、証言台の脇には衝立てが置かれ、原告席に座るジャニー喜多川から証人の姿が見えないように配慮された。

非公開の裁判の内容はほとんど報道されることがなかった。ただし公判から約半年後、

「噂の眞相」が2002年2月号でその様子を記事にしている。

「証言台に立った元ジュニアは2人とも未成年。そのため誌面では匿名扱いにするが、そのひとり、最初に法廷に立ったのは中学在学中から約2年間ジュニアとして活動し、あるジュニアグループに所属していた少年である。仮にAくんとしておく。

このAくんは、ジャニーズ事務所においての深夜労働や1ステージ2時間でギャラ3000円という低賃金の実態、未成年に対する劣悪な労働条件や、契約書を交わしていないことなどを証言した後、〝ホモセクハラ〟に関するかなり詳細な証言を行ったようだ。

ホモセクハラの舞台となったのは六本木アークヒルズのジャニー喜多川の自宅。そう、ファンの間では〝合宿所〟と呼ばれる超高級マンションである（略）

――ジャニーさんに『うちに来る?』といわれ、『はい』と言いました。そこには裏ビデオもあり、煙草も皆吸っていた（略）

――弁護士　最初にセクハラを受けたのは?

――Aクン　合宿所で寝ていたらジャニーさんが横に来て、足をマッサージし始めた。普通に触ってきた。ちょっとイヤだった。だんだんエスカレートして、ズボンを脱がされ、口でイカされた。

――弁護士　最後までいったの？

――Aクン　はい。

――弁護士　そのことをどう思いましたか？

――Aクン　びっくりしたし、イヤでした。

　Aくんはこの時、まだ中学生である。この行為のあった翌日、ジャニー喜多川はAクンに金を渡したという。

――Aクン　その後何回もされた。

――弁護士　アナルセックスは？

――Aクン　ありましたよ」

（「噂の眞相」同前）


　少年Aがジャニー喜多川の性加害を受けたのは、仲間からそれを断ればテレビや舞台に出られないと聞いたからで、Aはその後テレビやコンサートに出演し、メイン扱いの立ち位置を獲得したことなども証言する。

　もう一人の証人Bはジャニーズファンにはかなり知られた元ジュニアだったという。

　Bもまた「寝ているときにジャニー喜多川が布団の中に入ってきてズボンを下げられ、

フェラチオされた」（「噂の眞相」同前）などと性被害の様子を詳細に証言、その時の法廷内の様子を、記事中で「文春社員」が次のようにコメントしている

「かなり詳細で赤裸々な告発だったため、法廷内は静まり返っていたようです」

（「噂の眞相」同前）

そしてこの後にジャニー喜多川が証言する番となる。

「当初ジャニー喜多川は出廷に難色を示していたようです。しかし、元ジュニアたちの出廷が決まったことで、原告であるジャニー喜多川も出廷せざるを得なくなった。『文春』は裁判当初から、ジャニー喜多川出廷を画策していましたからね。また、この法廷が非公開になったのも、未成年者が〝ホモセクハラ〟を証言するという事情もありますが、その一方で、ジャニー喜多川側も非公開を出廷の条件にしてきたようです」

（「噂の眞相」同前）

証言台でジャニー喜多川は性加害について過去においても「絶対にありえない」と主

張、少年A、Bが「嘘をついている！」と声を出す場面もあったようだ。

文春側弁護士はジャニー喜多川に「性加害がなかったとすると、少年たちは嘘をついていることになるが、嘘をつく理由は何か？」と質問、それに対する曖昧模糊とした回答を「別冊宝島Ｒｅａｌ　追跡！平成日本タブー大全」（２００５年　宝島社）が判決文を引用して伝えている。

ジャニー喜多川は、少年が嘘をつく理由をこう証言した。

「（略）僕は、ＡもＢもそれぞれ自分で集めた子です。その子たちは、今、仲間になってます。でも、僕はそういうわびしい存在にあるわけです。要するに、みんながファミリーだと言いながら、そういうふうに考える人もいるわけです。だから、やっぱり、昨日も申し上げたけど、血のつながりのないというほどわびしいものはないと。という意味で、さび《ママ》かったというのは逆に、僕自身だったのかも分かりません」

「（前略）でも、それはやっぱり、何かの事情で、それはホモセクシュアルな事情じゃないと僕は思います。それは何らかの事情で自分たちが裏切り行為をしたとか、そういう気持ちの中で離れていってると思うんです。だから、いわゆる印象づけるといったらおかしいですけど、もう一度、僕たちが彼たちを全然恨んでも何でもいませんん。だけど、先生が、今、うそ、とおっしゃいますけど、彼たちはうその証言をしたということを、僕は明確には言い難いです。はっきり言って」

（「ジャニーズ報道のタブー！『ジャニー喜多川「ホモ性虐待」裁判』の顚末から」李策）

このようにジャニー喜多川が意味不明な証言をしているにもかかわらず、結審後、出された一審判決は性加害について「少年らの供述には高度の信用性はなく、わいせつ行為が真実との証明はない」とし、文春側に880万円の賠償を命じたのだ。

この裁判が始まる以前、2000年4月13日には国会の「青少年問題に関する特別委員会」で自民党の阪上善秀議員が「週刊文春」の報道をとりあげ、厚生労働省労働基準局や警察庁生活安全局に、ジャニーズ事務所の抱える問題を長い時間を使って質問している。その記録も裁判には文春側から証拠として提出されているはずだ（この時の国会質問は、インターネットで「第147回国会　衆議院青少年問題に関する特別委員会　平成12年4月13日」と検索すれば全文が読める）。

国会でもとりあげた問題にもかかわらず、東京地裁が一審で文春側敗訴のような判決を出したのはなぜだったのか。

前出「創」２０２３年11月号に登場した文春側弁護士・喜田村洋一は一審判決を次のように評価している。

「少年たちとジャニーさん以外にも文春側とジャニーズ事務所側の証人を尋問しましたが、それらは全部地裁で行われ、高裁の裁判官はその記録を読んだだけです。だから僕に言わせると、地裁の裁判官の誤審ですよね」

（「『週刊文春』裁判でジャニー氏は何を証言したのか」）

「誤審」――裁判所の判断の誤りは刑事事件の冤罪とも大いに関係する人権にかかわる重大な問題だ。ジャニー喜多川の証言が支離滅裂なのは、司法に詳しくない人間が記録や報道を読んだだけでも明らかだ。被告と原告、どちらの証言が信用できるかは歴然ではないか。しかし一審判決はジャニーズ事務所に有利な内容だった。それが「誤審」であったならば、民事裁判はあまりに軽んじられていないか。文春裁判が突きつける司法の隠された重要課題だろう。

結果的には文春側が上告した二審で判決はひっくり返り、ジャニー喜多川の性加害は事実と認められ、賠償は減額された。

前出の「週刊文春」２００７年7月31日号は１２０万円の賠償の理由についてこう書いている。

「先の控訴審判決で、東京高裁は文藝春秋に対して、ジャニー社長とジャニーズ事務所にそれぞれ六十万円（慰謝料五十万円＋弁護士費用十万円）の支払いを命じたが、その理由は、記事の中の以下の四点が認められなかったからだ。①（事務所が）少年らに対し、合宿所で日常的に飲酒、喫煙させていること。②ジュニア４人が万引き事件を起こしたにもかかわらず、テレビ局も事務所もこれを封印したこと。③（事務所が）フォーリーブスのメンバーに対して非道なことをしていること。④（田原俊彦などの）かねてから、所属するタレントは冷遇されていたこと。

しかし、ジャニー喜多川氏のホモ・セクハラ行為のほかにも、小誌の提示した疑問の多くは、〈違法性が阻却される〉として、高裁で認められたのである」

「違法性阻却」とは本来であれば不法行為に問われるが、その行為を正当とする理由があり、不法に問われないことを指す。つまり、完全に事実と認定はできなくとも公益に関わる報道として相応の理由は認められると判断されたということだ。

ジャニーズ事務所側に不利になった可能性のある出来事もあった。

二審判決が出る約2週間前、ジャニーズ事務所は国税庁から3億7千万円の巨額の脱税告発を受けている。

2003年7月2日、ジャニーズ事務所が東京国税局の税務調査を受け、2年間で約3億7千万円の所得隠しをしていたことが報じられた。ほかにも経理ミスなど申告漏れが2億9千万円見つかり、国税局は約2億円を追徴課税している。

同時に関連会社でCD・ビデオを製作販売する「ジャニーズ・エンタテイメント」が約1千万円の所得隠し、「ジャニーズ出版」が1億2千万円の申告漏れを指摘され、本社・関連会社合わせれば7億円以上の巨額の不正経理となり、相当に悪質である。

このニュースは新聞社会面で大きく報道された。前章にあるように、SMAPがブレイクした90年代半ばから急速に所得を伸ばした実質的個人商店・ジャニーズ事務所は会社組織の規模と所得に大きな落差があった。これでは国税局にマークされても仕方がない。あるいは、国税庁の人間が「週刊文春」の追及キャンペーンを読んでいた可能性もないわけではない。そこにはタレントの低賃金、契約書の欠除などの情報も暴かれていたから、国税庁が不信感をもつ根拠にはなる。

この所得隠し報道は二審判決前の最悪のタイミングで公になった。裁判の判決文は事前に作られるため、新聞記事が必ずしも裁判官の心象に影響したかは分からない。しかし心ある裁判官ならば、これらの報道によって判決を書き換えてもおかしくはない。

ただ、二審判決はテレビのニュースではまったく報道されなかった。

大手新聞の中にも二審判決の記事が見当たらないものがある。２００４年の最高裁決定も、大手新聞はベタ記事以上の記事は出していない。

２０２３年秋以降のジャニー喜多川の性加害追及報道の中で、この時のテレビ報道部の沈黙が問題にされた。

ＴＢＳテレビ「報道特集」は同年10月7日の放送で「緊急特集　ジャニーズ事務所とテレビ局　番組制作の現場で何があったのか」と題し、一二審判決、最高裁決定（二審支持、上告棄却）を同社ニュース番組がなぜ扱わなかったかを当時の報道部社会部記者、ニュース番組責任者にヒヤリングし、回答を放送した。代表的回答として読み上げ音声つきで発表されてたのは以下である。

「最高裁決定の時はオウムの教祖、松本智津夫被告の一審判決の3日前だったので、特集準備などに忙殺されて、ジャニー氏の裁判の記憶がない。本社と何か突っ込んだやりとりがあれば、流石に記憶していると思う」（社会部記者）

ほかにもパネルに示された文字回答にも「あくまで民事だと思ったから」などが目立ったが、「記憶がない」「民事だから」といっても、少なくとも松本智津夫の判決と時期の違う二審判決時は同じ系列の「毎日新聞」が3段を使った目立つ記事を掲載しており、テレビ局員もそれを見ていないわけがない。しかも二審判決直前にジャニーズ事務所の巨額の所得隠しが報道されており、同社の社会的責任が問われていた時期である。よって「記憶がない」「民事だから」という回答は信用に値しない。

所得隠し報道の後に「週刊文春」がこんな報道をしている（2003年7月17日号）。

「『共同通信が第一報を配信して間もなく、「やるのぉ？　やらないよねぇ？」とSさんからいつもの〝やめてよ電話〟がありました』（民放局ワイドショー関係者）『うちにも「所得隠しなんかじゃないのよ〜」と局の上層部に電話があったようです』（別のテレビ局関係者）

S氏とはジャニーズ事務所の広報担当役員（略）ジャニーズ事務所に対するテレビ局の〝配慮〟は相変わらず。一部ニュース番組が報じた他は、ワイドショーはいつもの見て見ぬ振りを決め込んだのであった」

やはりテレビ局では上層部からの圧力や現場の忖度はあったのではないか。
「週刊文春」はジャニーズ事務所追及キャンペーンの連載第4回の中で、テレビ局との関係についてこんなふうに伝えている。

「在京の民放局のディレクターが自嘲気味に言う。
『そりゃあジャニーズ事務所は怖いですよ。うちの局でも、事務所にネガティブなことを扱うのはタブーです。たとえば、ワイドショーが、事務所にとって面白くない話題を取り上げようとすると、必ず、製作の上層部にメリーさんが抗議をしてくる。

そこで上層部の判断をあおぐわけですが、その結論は、一時的な話題にしかならないニュースよりも、SMAPが出るような安定した視聴率を稼げる番組を優先する、ということになります』『黒いものでも、ジャニーズ事務所が白といえば白。そういうテレビ局の追従が、事務所側を増長させ、ひいては少年たちへの〝人権侵害〟を容認し、助長させているのである』」

（1999年11月18日号）

マスメディア、とくにテレビ局と芸能プロダクションの関係については、たとえジャニーズ事務所が消滅しても、これからも厳しく問われていかねばならない。

もう一つ重大な問題は、二審判決でジャニー喜多川の性加害が公に事実認定されても、警察がまったく動かなかったことだ。

「週刊文春」はジャニーズ事務所追及キャンペーン中、ほぼ毎号、捜査の必要を訴え続けた。たとえば第3弾記事の中ではこんなふうに書いている。

「あらためて強調しておきたい。先週号でも指摘した通り、平成九年十月十六日、『東京都青少年の健全な育成に関する条例』が改正され、買春処罰規定が加えられた。

その第十八条は〈何人も青少年に対し、金品、職務、役務その他財産上の利益を対象として供与し、又は供与することを約束して性交又は性交類似行為を行ってはならない〉と定め、この規定に違反した場合には〈一年以下の懲役又は五十万円以下の罰金に処する〉とある。

ここでいう青少年とは十八歳未満の者のことで、男性も該当する。

ジャニー喜多川氏のセクハラ行為は、この条例に抵触する可能性が高く、しかも、この条例違反は親告罪ではないから、少年が保護者に相談したうえで訴え出なくて

も、捜査機関が独自の捜査で立件できるのである」（1999年11月11日号）

二審判決後の同誌2003年7月31日号では元最高検察庁検事の土本武司がこんな発言をしている。

「児童の性的虐待に対する社会的な危機が高まっている今、こうしたセクハラ行為を明るみに出すことで危険を防止する意味もあった。したがってこの判決は、民事の損害賠償を認めるかどうかという形ではあるが、児童の保護育成に向けた貢献は少なくない。

いずれにせよ喜多川社長が今もこうした違法行為をしているのならば、青少年健全育成条例などに照らし合わせて、捜査機関はすぐにでも捜査を開始すべきです」

しかし判決の確定後も警察が条例違反を捜査する動きはなかった。

警察が動かなかった事実も、今回の性加害問題における大きな謎だ。

また、2023年秋以降、ジャニー喜多川の性加害が社会的問題になっても、ジャニーズ事務所と警察の関係を追及するメディアはほとんどなかった。そこにもマスメディアの報道姿勢の、あまりにも情けない欠陥が透けて見える。

そして当時は60万部を刷るといわれた大部数の週刊誌「週刊文春」がどれだけ重大な悪行を報道しても、大衆はジャニーズ事務所を嫌悪するどころか、ますますその所属タレントを愛し、ジャニー喜多川を伝説的人物にまつりあげていった。

第八章

「ジャニーズ」礼賛への疑問

ジャニーズ事務所と文藝春秋が戦った裁判が終わって約20年の月日が流れた。

「セクハラ行為をしているとの本件記事は、その重要な部分について真実であるとの証明があった」と公的に認められ、被告の「週刊文春」や夕刊紙など、ごく限られたメディアのみではあったが報道もされた。女性には届きにくかったかもしれないが、男性なら「週刊文春」や夕刊紙を目にする機会もより多く、ジャニー喜多川の性加害を報道で認識したはずだ。

にもかかわらず、日本社会はそのおぞましい所業を断罪し矯正するどころか、この20年の間、むしろジャニーズ事務所のタレントに対する好感度を強めた。

これは現在の視点からすれば、きわめて不思議な現象と言わねばならない。

たとえば1998年以降、メンバーが数々の不祥事を起こしたSMAPだったが、フジテレビの冠番組「SMAP×SMAP」は放送当時、メンバーに何が起きようと視聴率20％以上をキープ、やがてそれは「国民的番組」と呼ばれるまでの人気になった。

ほかのタレント、ＴＯＫＩＯ、Ｖ６、嵐、関ジャニ∞などもテレビに冠番組を持ち、少女ファンだけでなく広い世代に支持された。

ことに２０００年前後から男性ファンが増え、彼らがメディアやインターネットを使ってジャニーズ・タレントについて能弁に語り始めたのがこの20年間とそれ以前の決定的な違いではなかろうか。

ＳＭＡＰが登場し、10代少女だけでなく20代後半から30代の女性までが彼らを支持するファンの年長化現象が生まれ、やがて母娘二世代が同時にジャニーズ・タレントを愛し、そこに父や息子も巻き込まれていった。そうしてジャニーズ・タレントの「国民的アイドル」化が共有される。ジャニーズ事務所の代表者や所属タレントたちが起こした数々のトラブルを「国民」はすっかり忘れてしまったかのようだ。

もしも忘れたのであれば、それはマスメディアがトラブルをしっかりと伝えなかった点に原因がある。

この間、メディアはジャニーズ事務所をどのように報道していたのか。

女性ファンの年長化を論じた書籍に矢﨑葉子の「ジャニーズ・コンプレックス」（１９８９年　太田出版　のち扶桑社文庫）がある。矢﨑は１９６１年生まれ、同書を書いた時は28歳だった。同書で矢崎は次のように書いている。

「小さいころから、ジャニーズ産タレントに憧れ親しんできた世代が、大人になってから再びジャニーズコンプレックスに感染したところで、そう驚くことではないのかもしれない。目や耳やカラダがその熱を覚えていて、それが今新たに上昇しているだけのことだ。

しかし、キャーキャー大騒ぎするミーハー娘はもう卒業だ。ジャニーズコンプレックスの女たちは、大人になった今だからこそ、厳しい選択眼を持ってアイドルに接していく。『あたしの心を揺さぶるのは、いったい誰かしら……』と（略）

ジャニーズ産タレントには、強みがある。露出度が高いということだ。画面に向かえば、あの方とどこかで会える。トリップしたいときにトリップできる。

ジャニーズコンプレックスの女たちにとってみれば、一人遊びのチェス盤がアイドルみたいなものだ。遊びたいときにサッとテレビをONにすれば、それが現れ、『お呼びでしょうかダンナ様』といわんばかりに、心を持っていってくれるわけだ。とても手軽で都合がいいから、ついついジャニーズ産タレントを相手にしてしまうのだ」

すでに言及しているように、SMAPの登場した1988年は年末に北公次の暴露本「光GENJIへ」（データハウス）が発売され話題になった時期だ。「ジャニーズコンプレックス」と名づけられた女性たちが、ベストセラーになったその本の情報を知らなかったとは思えない。

しかし矢崎の論を読むかぎり、その影響は見当たらない。矢崎は「遊びたいときにさっとテレビをONにすれば、それが現れ」「心を持っていってくれる」と書く。ここにはジャニーズ・タレントの熱烈なファンが書籍や週刊誌報道よりも、テレビの影響を強く受けている様子がはっきり表れている。この頃すでに紙メディアは、映像メディアに負けていたのだ。いくらジャニー喜多川の悪行が暴かれようと、それはファンの心根に届くことはなかったようだ。

ジャニーズ・タレントのファンだけでなく、彼らに大きな興味を持たない当時の男性たちにとっても、1999年10月に始まる「週刊文春」のジャニーズ事務所追及キャンペーンの記事はけっして評価も影響力も高くなかった。

2023年10月、ジャニーズ事務所が開いた再発防止特別チームの報告書発表、ジュリー景子社長辞任記者会見のあとに発売された「サンデー毎日」は「ジャニーズ性加害事件と日本の社会の民度」なる性加害問題を総括する鼎談を掲載した。近田春夫、田中康夫と共に出席したミュージシャンの松尾潔はジャニー喜多川の擁護発言をした山下達郎を批判して所属事務所スマイルカンパニーを解雇される辛酸を味わった、いわば当事者寄りの人間である。

その松尾は田中に「1999年に『週刊文春』が14週に亘ってジャニー喜多川の『性加害』報道をした時はどうでしたか」と質問され次のように答えている。

「松尾　文春は購読し続けていましたが正直、真剣には読んでいなかったです」

このコメントが正直な感覚だろう。多くの庶民も同じ感覚を当時の「週刊文春」連載に抱いているのではないか。

また前出のTBS「報道特集」でも、ひとりの報道局員が「週刊文春」記事への関心の薄さをコメントしている。

「率直に振り返って20年前はいまと社会の意識が大きく違っていて、本来はその状況に異論を唱えるべきだった社会部も男性の性被害に対する意識が低く、また週刊

誌の芸能ネタと位置づけてしまったことが反省点だと考えている」（10月7日放送）

当時の「週刊文春」デスク、木俣正剛でさえこう回顧しているのだ。

「ただ、そのジャニーズの話が『週刊文春』の読者向きかどうかという思いはありました。実際、あのキャンペーンは長期にわたりましたが、それで部数が伸びたかというとそうではありませんでした」

（「創」２０２３年11月号）

それらからすれば、今日の人々が「メディアはなぜ沈黙したのか」という問いの根本にある「週刊文春」の追及キャンペーンや裁判結果が「沈黙」された理由には、総じて「真剣には考えていなかった」「関心が薄かった」ことが浮かび上がる。よって「週刊文春」記事はテレビ番組の番組編成にもほとんど影響しなかったのだ。

たとえば報道が始まった１９９９年、ＮＨＫが大晦日に放送する「ＮＨＫ紅白歌合戦」にジャニーズ事務所からはＳＭＡＰ、ＴＯＫＩＯのほかにＶ６とＫｉｎＫｉ Ｋｉｄｓがゲストで追加され、４グループも出演しているし、二審判決が出た２００３年の「紅白」はＳＭＡＰが大トリの大役をつとめている。

今日から見れば重大な問題提起だった「週刊文春」記事や裁判の結果も、発表された時代には、誰も重大なものとして受けとめなかったのだ。

そしてその関心の薄さはやがて、あまりにも意外な方向へ事態を動かした。

２０１５年、「週刊文春」１月29日号になんと、宿敵であるメリー喜多川が登場し、10ページに及ぶロングインタビューに答えている。裁判で敵対した期間をはさみ、「週刊文春」として30年ぶりのインタビューだったという。

インタビューの目的は当時、風説が流れていたＴＯＫＩＯや嵐、関ジャニ∞を推すジュリー景子一派と、ＳＭＡＰを育ててきた親族ではないマネージャー出身の飯島三智一派の派閥抗争、後継者争いを質すことだった。

もちろん裁判の一件もありダメ元で出した取材のアポイントを、意外にもメリー喜多川本人が受けて立つ。裁判の決着から10年以上が過ぎ、おそらくメリー喜多川の積年の怨讐が薄れていたのではなかろうか。

もしも「週刊文春」との裁判の結果がジャニーズ事務所に甚大な損失や変革をもたらしていたなら、たとえ何年経とうともメリー喜多川の敵愾心は収まっていなかったろう。あるいは裁判が社会に大きな反響を引き起こしていたら、彼女はとうにジャニーズ事務所の経営から身を引いていたかもしれない。

しかし「セクハラの事実認定」という判決後も、ジャニーズ事務所にはほとんど何も起こらなかった。つまり「追及キャンペーン」連載も、裁判の結果も、ジャニーズ事務所にはほとんど影響しなかったということだ。そして年月は流れ、メリー喜多川は老い、怨讐は過去のものとなった。

そのおかげで「週刊文春」は彼女からとんでもない贈り物を受け取る。「ジャニーズの女帝メリー喜多川　怒りの独白5時間」という長大なインタビュー記事は、取材陣を前に「週刊文春」の取材の不徹底をなじるメリー喜多川の痛罵にまず3ページを割き、さらにその後、ジャニーズ事務所の後継問題に話が及ぶ。

「ある民放関係者はこう述べる。
『ジャニーさんとメリーさんがご高齢ということもあり、ジャニーズの後継問題はここ数年、色濃く出てきている印象です。だから、ジュリーさんと飯島さん、それぞれの派閥を一人のプロデューサーが掛け持つということは基本的にない。横断的なキャスティングをすると問題が起きるから、慎重に配慮しているのです。ＴＢＳとテレ朝は飯島さんの力が強い。フジは半々。日テレはジュリーさん』」
（「週刊文春」同前）

これらの噂を受け、文春編集部はメリー喜多川に派閥抗争の行方を聞く質問状を送っていた。それに対し、メリー喜多川は激しい怒りをぶつけたという。

「私が失礼だと言っているのはね、（文春の）質問状のこと。『小誌の取材では次期社長候補である藤島ジュリー景子が……』って書いてあるけど、当たり前じゃない。何がおかしいんですか？　私の娘が（会社を）継いで何がおかしいの？　〝次期社長候補〟って失礼な。〝次期社長〟ですよ」

（「週刊文春」同前）

メリー喜多川のこの言葉をきっかけに、彼女の錯乱した怒りは爆発する。そして驚くべき行動に出るのだ。

「『ジュリー以外に（誰かが）派閥を作っているという話は耳に入っていません。もし、うちの事務所に派閥があるなら、それは私の管理不足です。事実なら許せないことですし、あなた方にそう思わせたとしたら、飯島を注意します。今日、（飯島を）辞めさせますよ。仕事の大事なことって、そういうことだから』

メリー氏は思い立ったように男性スタッフを手招きし、記者も予想外の行動に出たのだった。

『ちょっと飯島を呼んでくれない。いま飯島を呼んで。どこにいるか知らない？』

当の飯島氏に直接、説明させるという」

（「週刊文春」同前）

記事によれば、30分ほどで飯島三智が現れ、文春取材班に「私も困ってまして…」と釈明、だがそれがメリー喜多川の鬱積した怒りを爆発させ、取材班の目の前で激しい叱責と説教を始める。罵倒は飯島が担当するＳＭＡＰにまで及び、「ＳＭＡＰは踊れないじゃない」「（ＳＭＡＰは）踊れる子たちから見れば、踊れません」と罵り、さらに「飯島、私はこう言いますよ。『あんた、文春さんがはっきり聞いてるんだから、対立するならＳＭＡＰを連れていってても今日から出て行ってもらう。あなたは辞めなさいよ』と言いますよ」と取材班の面前で飯島のプライドに泥を塗った。その記録のすべてが雑誌に生々しく掲載され、さらに終盤でメリー喜多川は自身の半生と母の死についてひとり語りを始めて涙を流すという、老いた姿を取材班にさらけだした。

「女帝」「モンスター」と呼ばれた高齢経営者の錯乱と老醜をここまで掲載できたのだから、取材した記者・編集部は終了後、絶対にガッツポーズし、祝杯をあげたに違いない。インタビューはかつての宿敵からのもっとも意外な形の贈り物となった。そしてこの記事は2016年に「第22回編集者が選ぶ雑誌ジャーナリズム大賞」を受賞した。

前出、木俣正剛はインタビュー掲載号について「あの号は大変売れました。あの記事がなければその後、SMAPが出ていく騒ぎにはならなかったですよ」（「創」同前）と語っている。

「騒ぎ」とは約1年後の2016年1月13日に「日刊スポーツ」「スポーツニッポン」紙それぞれ1面にSMAPの解散・分裂の報道が大きく載り、その真偽やメンバーの今後をめぐって社会的な動揺を巻き起こした一件のことを示している（翌日発売の「週刊新潮」に詳報が掲載された。スケジュールから考えて、「週刊新潮」の早刷りを手にしたスポーツ新聞が、一足先に報道したという流れだろう）。

報道はNHKのニュースにもなり、それから連日、分裂・解散報道で全てのメディアは騒然とした。

これを受け、1月18日放送「SMAP×SMAP」冒頭の緊急生放送でSMAPメンバー5人が横一列に並び世間を騒がせたことを謝罪する。謝罪の言葉の中には草彅剛の「今回、ジャニーさんに謝る機会を木村くんが作ってくれて、今僕らはここに立てています」という発言もあった。

それはメンバーのけじめと恭順の意思を求めたジャニーズ事務所側からの強硬な要求

だったとの報道もある。生中継は瞬間最高視聴率37・2％を記録、この異例かつ奇怪な出来事はテレビ各局のワイドショーでもとりあげられた。

ＳＭＡＰは日本人男性の「格好良さ」の意味を変えたアイドルだった。それまでの硬骨でマッチョな男性像を転換し、料理し、趣味を持ち、笑いもとれる二枚目の男性像は木村拓哉やＳＭＡＰのメンバーが90年代につくり上げた。

彼らの魅力は社会的な従属圧力、専制的支配とは無縁で自由な存在感や、集団よりも個人として生きる価値を選ぶ潔さにもあった。それらは「団塊ジュニア世代のロールモデル」という表現もされたほどだ。

ところが解散騒動で、彼らは前近代的権力の象徴であるジャニーズ事務所に頭を下げ、謝罪した。

団塊ジュニア世代にとって希望の星であったＳＭＡＰが前近代的な個人商店プロダクションの圧力で屈辱的な姿を国民の前に晒した事実は、この時点では多くのファンを失望させ、ジャニーズ事務所への不信感をつのらせた。

その後、飯島三智の退社があり、ジュリー景子の管理下に入ったＳＭＡＰは活動が停滞、メンバー間の確執も報道され、8月中旬、ついに12月をもっての解散が発表される。12月26日、大衆の涙と悲鳴の中、「国民的番組」の「ＳＭＡＰ×ＳＭＡＰ」が最終回を迎えた。

解散後、木村拓哉、中居正広はジャニーズ事務所に残り、稲垣吾郎、草彅剛、香取慎吾は飯島三智の新事務所に移籍する。移籍した3人は木村、中居らジャニーズ事務所のタレントとの共演はなくなり、テレビ出演の機会も大幅に減った。2020年には中居もジャニーズ事務所を退所、独立した。

この2016年の騒動までが、「週刊文春」の「ジャニーズ事務所追及キャンペーン」が作り出した成果と見ることができる。連載開始から裁判になり、判決が出て、その社会的評価が確定した後に、メリー喜多川が「週刊文春」に現れてSMAPを解散に追い込む。こんな結末を誰が予想しただろうか。

これが「追及キャンペーン」の17年後の成果だとすれば、結末は当初、「週刊文春」が狙った目的とはあまりにもかけ離れている。現実とはこのように不条理なものなのだ。

SMAPの解散騒動とジャニーズ事務所の対応には、ワンマン経営の弊害、高齢経営者の錯乱・迷走、強権によるパワハラ、営業妨害など芸能界のみならず、前近代的企業の悪習がこれでもかと詰め込まれていた。誰もがメリー喜多川の暴政、飯島三智へのハラスメント、独立組への冷淡な仕打ちを感じたはずだ。

だが、SMAPが解散しても、マスメディアはジャニーズ事務所の悪習を糾弾しなかった。「週刊文春」でさえも、この出来事にはなすすべもなかった。この時点でジャニーズ事務所は、それだけ巨大な存在になっていたのだ。

そして事態は、またも不条理な展開へと変転する。

ＳＭＡＰ解散劇は、ジャニーズ事務所という巨大権力の横暴、非道と非難されても仕方のないものだったはずだ。しかしメディアはそのような発信をしなかった。

その後、驚くべき現象が起きる。メディア、ことに出版界はＳＭＡＰやジャニーズ事務所を日本の美意識、美文化として称賛しだすのである。

ＳＭＡＰの解散にあわせ出版された書籍は、別冊宝島「ありがとうＳＭＡＰ　空前絶後の男性アイドルの四半世紀」（宝島社）、篠原沙里「ＳＭＡＰクロニクル　わたしたちはスマップと生きてきた」（作品社）、速水健朗「大人のＳＭＡＰ論」（宝島新書）、などＳＭＡＰの功績を称えるもののほか、中川右介「ＳＭＡＰと平成」（朝日新書）、太田省一「ＳＭＡＰと平成ニッポン　不安の時代のエンターテインメント」（光文社新書）、矢野利裕「ジャニーズと日本」（講談社現代新書）など、国家・国民や時代と結びつける壮大なタイトルの本が目立った。

それらの本は日本企業の悪習の象徴ともいえるジャニーズ事務所が抱えていたワンマン経営、高齢経営者、ガバナンス不全、パワハラ、営業妨害、恫喝傾向、贈賄疑惑、そして性加害など数々の弊害にまったく触れず、むしろ美辞麗句を並べて礼賛した。SMAPが称賛されるのならまだしも、ジャニーズ事務所が誉められる理由など、どこにもないように思えたが、しかしメディアはそのようには発信しなかったのだ。

なぜ、そんなことになるのか——。

外因的には2000年代から出版業界を襲った急激な不況が影響していると思われる。インターネット普及のせいで紙の本が読まれなくなり、書店の数も年間5%ペースで減っていったこの時代、ジャニーズ事務所やその所属グループの名前がタイトルになった出版物は安定した部数を売り上げた。タイトルだけでなく、雑誌においては表紙にジャニーズ・タレントを起用するだけでも部数が違った。購入する読者はジャニーズ・タレントのファンだから、気分がふさぐようなジャニーズ事務所の暗黒面を描くよりは、前出の矢﨑葉子が書くような「あたしの心を揺さぶるのは、いったい誰かしら」といった華やいだ気分を与えてくれる書籍のほうを手にするに決まっているのだ。

では、こうした礼賛本が示す、ジャニーズ・タレントが日本人に受けた内因とはなんだろうか。

前出「ジャニーズ・コンプレックス」を書いた矢﨑葉子は、その因子を「現実逃避」とし、「離れているからいい。現実を見なくていいからときめき、華やぐジャニーズコンプレックス」とし、ジャニーズを愛でる行為を「想像力で超高層ビルでさえも越えていける一人遊びの自由な楽しみ」だと論じている。

矢崎は「ジャニーズ輪廻論」（１９９６年　太田出版）でさらにこの論を展開し、以下のように深化させている。

「私が思うに、ひと回り以上も歳が離れた美少年アイドルをセックスの対象だと感じるときの彼女たちは『37歳のワタシ』『40歳のワタシ』ではないと思う。

現実生活では家事や育児に追われる毎日で、お肌のくすみやお腹のたるみが気になっていたとしても、ジャニーズアイドルとのセックスを想像してときめいている『ワタシ』は気持ちの上では10代、20代の自分にすっかりもどっているのではないだろうか。その昔、ジャニーズアイドルたちに熱中していた頃のように、あるいは現実の恋愛に胸を躍らせていた頃のように堅実であろう主婦たちが『1回、お願いしたいな』とドキドキしながらキムタクや長瀬を見つめているという話を聞きながら彼女たちの想像力のたくましさを痛感した。（略）彼女たちは日常生活と折り合いをつけながら、アイドル相手に一時、仮想空間を生きているのかもしれない」

こうした現実逃避願望は女性ファン―少年アイドルという対照に限らず、男性ファン―少女アイドルにもあり得る形だ。アイドル＝偶像ゆえに、それが中心として存在する世界は虚構でなければならない。だから現実逃避が可能であり、ジャニーズ・タレントはその作用が強烈だという理屈だろう。日本の国民はジャニーズ・タレントを通して強く現実逃避を欲したのだ。

ジャニーズ事務所のタレントが現実逃避を促し、「ときめいている『ワタシ』は気持ちの上では10代、20代の自分にすっかりもどっている」心理状態にさせるのであれば、その根本にあるのは大人になることを拒否する欲望だ。

『ジャニーズと日本』で矢野利裕はそうした大人になれない状態を「未成熟」という言葉で表し、ジャニーズ・タレントと結びつけている。

「日本の女性アイドルの語るさい、しばしば『未成熟』というありかたが注目される。なんでも完璧にこなす実力派より、どこか抜けたところがあって、まだまだ発展途上だと思わせるアイドルのほうが魅力的だ、ということだ（略）

少女によるつたない歌、つたない踊り、つたない演技。それがどれほど日本特有かは検討の余地があろうが、とくに一九八〇年代以降、日本の女性アイドルが少なからず、『未成熟』というありかたとともに展開されたのはたしかだろう。やや乱暴に言うと、かつてのテレビの時代からこのかた、アイドルは、このようなつたなさや『未成熟』さが魅力につながっていた、と言える。

もっともジャニーズとて、『未成熟』な側面が受容されなかったわけではないだろう。近藤真彦や田原俊彦、あるいはＳＭＡＰなども、そのヘタウマな感じが面白がられた側面がありそうだ。あるいは嵐やＳｅｘｙ Ｚｏｎｅなんかも少なからず、『未成熟』な姿を愛でられ、応援されている印象を受ける」

この論は男女の区別なくアイドルとファンを結びつける関係性の中に「未成熟」というキーワードが埋もれていると示している。それは今日でも変わっていない、日本人と芸能の関係の特徴だろう。

そして矢野はこの「未成熟」という概念を日本の戦後史と結びつける。

「『未成熟』を打ち出す日本型アイドルは、戦後における日本の姿である。ＧＨＱ総司令官のダグラス・マッカーサーは、『日本は一二歳の少年のようだ』と言い残してアメリカに帰った。マッカーサーが指摘した、その『未成熟』な姿こそ日本独自とされる。

その反対側に、民主主義という成熟を目指すジャニーズがいるのは言うまでもない。マッカーサーと入れ違いに来日したジャニーは、初代ジャニーズの真家ひろみと飯野おさみがまさに一二歳になる一九五八年、彼らと交流を始める」

会社経営とタレント管理をメリー喜多川の強権政治、先制君主制にまかせていたジャニー喜多川が「民主主義という成熟」をめざしていたかには異論があるが、ジャニーズ事務所、ジャニー喜多川をめぐる状況に「未成熟」というキーワードは有効だ。

契約書もなく低賃金でこき使われた少年タレントたち。メリー喜多川のワンマン経営にふりまわされる社員。彼女の不条理な恫喝におびえ隷従したマスメディア。金品のバラマキに群がりモラルを省みなかった企業。そして性加害を薄々知りながらも、そこに目をつむり現実逃避してタレントの美しさに「ときめき、華やいだ」ファンたち。それを「国民的アイドル」と呼んだ国民。どれもみな社会的「未成熟」の産物なのではないか。

矢野利裕は前掲書でこのようにも書いている。

「このような動きのなか、日本国憲法の背後に、日米安保条約や沖縄の米軍基地があることが強く意識されるようになった。戦後日本の背後には、つねにアメリカがいた。

そんな敗戦後の日本に生きるわたしたちは、いつのまにかジャニーズを享受している。いつのまにか民主主義という価値観が身についているように、いつのまにか『ジャニーズ系』がかっこいいと思っているように、いつのまにかジャニーズを享受している。

ジャニーズは戦後日本に拭《ぬぐ》いがたく存在しているアメリカの姿であり、同時に、アメリカから離れることのできない戦後日本の姿でもある」

良い意味で捉えれば、これはアメリカが与えた国民一人ひとりが政治にコミットできる権利によって、ジャニーズ（事務所、そのタレントたち）という独自の豊かな文化を育み、享受できた、ともとれる。

しかし日本国憲法に優先する日米安全保障条約や米軍基地をめぐる日米地位協定、日本の政治に強圧をかける日米合同委員会、さらに防衛費増額の強硬な要求など日米関係はまったく民主的ではない、アメリカの戦勝国としての強権や非合理な属国支配で貫かれているのも事実だ。

とするならジャニー喜多川もまたその悪しき特徴を模した「小さなアメリカ」として、日本の「未成熟」な少年たちを支配し、性加害等で人権蹂躙し、ファンたちを「現実逃避」させてありのままのおぞましいリアルに目をつむらせてきたのではないか。

それを隠蔽していた高く分厚い壁がジャニー喜多川の死によって崩壊し始めたからこそ、今、現実が目の前に現れたのだとはいえないか。

終章

日本人が「ジャニーズ」を愛した理由

メディアはこれまでジャニー喜多川、およびジャニーズ事務所という権威を護持するために黙過や隠蔽、忖度を繰り返してきた。

だが、中川右介「SMAPと平成」、大田省一「SMAPと平成ニッポン」といったSMAPの解散にあわせて出版された書籍のタイトルが示すように、SMAPが平成時代を象徴するなんらかの存在であったなら、2016年にSMAPが解散した後、2019年に平成天皇が退位し令和時代が始まって、社会に変化が起きたのは必然だったかもしれない。同じ年にジャニー喜多川が他界したのも、なにかの因縁を感じさせる。

これらの事象を貫く共通項は、巨大な権威の喪失だ。

2000年代からメディアの中で権威だった地上波テレビ局の影響力が衰退し、若者はテレビを見ず、インターネットの動画やSNSにより注目する。その結果、地上波テレビチャンネルに依存していた芸能界はかつての輝きを失った。テレビという絶対的なステージに亀裂が生じた時から、ジャニーズ事務所のタレントたちの足元がゆらぎ始めた。

２０１９年7月9日、ジャニー喜多川死去。同年の「週刊朝日」7月26日号は表紙に「ジャニーさん。ありがとう」と大見出しを打ち、ジャニーズ・タレントを起用したバックナンバーの写真をずらりと並べた。

その「週刊朝日」は部数低迷により、２０２３年6月9日号をもって休刊する。ジャニーズ・タレントを使った表紙の号は売上を伸ばしたかもしれない。だが、表紙を求めて購入したファンたちは、いっとき、お気に入りのタレントの甘いマスクに酔ったかもしれないが、常に同誌を支える読者にはならなかった。

ただ、「週刊朝日」休刊は版元にとってラッキーなタイミングだったかもしれない。それがなお存続していれば「ジャニーさん、ありがとう」の表紙は間違いなくその意味、意図を問われ、糾弾されていただろう。

２０２０年、新型コロナウイルス感染症が全世界を襲い、社会は大きく変化した。人々の生活はインターネットへの依存度を高め、テレビの必要性はますます低下した。

２０２１年8月、メリー喜多川死去。享年93、死因は肺炎と報道された。「芸能界のモンスター」はついに斃《たお》れた。

2022年、元首相・安倍晋三が殺害された。アメリカの権威に追従し、戦前回帰の道を進もうとしていた政治家・安倍晋三もジャニー喜多川と同じように、マスメディアを巧みに懐柔して自らの失政や汚職を黙過させる「小さなアメリカ」だった。

同じ年、元東京オリンピック・パラリンピック組織委員会、高橋治之が受託収賄容疑で逮捕される。高橋は広告会社大手・電通の元幹部であり、その逮捕は電通の組織ぐるみの関与を疑わせた。これにより大規模イベントの開催ノウハウを持つ電通のイベント入札参加停止が相次ぎ、国内の大規模イベントは暗礁に乗り上げている。大手広告代理店もCMという巨大メディアを使ってジャニーズ事務所に富を渡し続けた当事者であり戦犯のひとりだ。

これら権威の崩壊に続く社会的難事として現れたのが、ジャニーズ事務所の性加害事件の顕在化と社名変更や組織改革だった。

問題提起の発端が、ネット動画で配信されたイギリスBBCのドキュメンタリーだったことが時代の変化を象徴している。これらの事象の連続は、けっして偶然とは言えない。

ジャニーズの権威を支えた地上波テレビや、タレントをCMに起用した大手広告代理店の庇護が失われた時、事件ははっきり顕在化した。その時にわれわれが直視したのが年端のゆかぬ少年たちへの「性加害」という痛々しい現実ではなかったのか。

これら、巨大な権威の消失、崩壊はわれわれの社会の「未成熟時代の終わり」を告げる出来事ではないか。それがもたらすものは、社会や国民の成熟なのか、それとも国家自体が崩壊してしまう悲劇なのかは分からない。景気低迷やアベノミクス失敗、金融緩和策の悪影響としての円レートの暴落など、経済状況の凋落と軌を一にしてジャニーズ事務所が終焉したならば、まさにそれは「日本」の比喩といっていい。

高度成長以降、一見、豊かになったと思えた日本も実は今なお「未成熟」の国家だったのではないか。経済成長は人権侵害や公害と引き換えの産物だったし、今も庶民の生活の幸福感、充足感は充分なものではない。

そうした「未成熟」を象徴するものが芸能界だ。大衆は「未成熟」なタレントをアイドル＝偶像として崇拝し、その背景にある芸能プロダクションの前近代性を直視しようとしなかった。であれば、責はメディアだけでなく、マスであるわれわれも負うべきだろう。

豊かさの象徴に見られた芸能界は結局、恫喝と贈賄によって価値が決まる。利益をあげているように思えるマスメディアも、専制君主であるジャニーズ事務所の威光に頼らなければ稼げなかった。ジャニーズ・タレントを表紙に使った雑誌は、その最たるものだろう。雑誌は内容ではなく、表紙のタレントの人気で売らねば維持できなかったのだ。テレビも出版も、豊かな内容のコンテンツを時間をかけて作り上げるよりも、ジャニーズ・タレントを起用し簡単に稼ぐという選択肢をとった。その浅薄な結果をもってして「成果主義」なる言葉が大手を振ってまかり通った。それらに充満する企画の未成熟、議論の未成熟、判断力の未成熟、感性の未成熟、タスクの未成熟。すべて未成熟の産物であり結果である。

戦後の日本が本当に豊かであれば、こんなことにはならなかったのだ。

前出の数々の礼賛本が論じているように、ジャニーズ事務所が日本人の心的根幹だったなら、それが喪失した今、われわれも否応なく大きな影響を引き受けなければならない。

約60年間にわたるジャニーズ事務所に関する報道の検証は、メディアの未熟さとともに日本社会総体の変革という課題を投げかける。ジャニー喜多川の性加害事件は、マスメディアだけでなく、日本社会と、われわれ自身に「解体的出直し」の必要をつきつけている。われわれも沈黙を葬る時に来ているのだ。

著者プロフィール

藤木TDC（ふじき・てぃでぃしー）

1962年秋田県生まれ。ライター。映画、庶民史、酒場ルポ等のテーマを中心に雑誌・書籍に執筆している。主な著作に『醜聞聖書 The bible of scandal』（洋泉社）、『アダルトビデオ革命史』（幻冬舎新書）、『場末の酒場、ひとり飲み』（ちくま新書）、『ニッポンAV最尖端 欲望が生むクールジャパン』（文藝春秋）、『東京戦後地図 ヤミ市跡を歩く』（実業之日本社）、『辺境酒場ぶらり飲み』（作画：和泉晴紀、リイド社）など多数。TBSラジオ「Dig」などでもパーソナリティを務めた。

メディアはなぜ沈黙したのか

報道から読み解くジャニー喜多川事件

発行日　2024年1月22日　第1刷発行

著者　藤木TDC

編集発行人　穂原俊二

発行所　株式会社イースト・プレス
〒101-0051
東京都千代田区神田神保町2-4-7 久月神田ビル
TEL 03-5213-4700
FAX 03-5213-4701
https://www.eastpress.co.jp

印刷所　中央精版印刷株式会社

ISBN978-4-7816-2278-1 C0030